W0062381

**Gebrauchsanweisung
für Münster und das Münsterland**

Jürgen Kehrer

Gebrauchsanweisung für Münster und das Münsterland

Mehr Bäume.
Weniger CO₂.
www.cpibooks.de/klimaneutral

Mehr über unsere Autoren und Bücher:
www.piper.de

ISBN 978-3-492-27605-4
1. Auflage 2015
© Piper Verlag GmbH, München/Berlin 2011
Karte: cartomedia, Karlsruhe
Satz: le-tex publishing services GmbH, Leipzig
FSC-Papier: Munken Premium von Arctic Paper
Munkedals AB, Schweden
Druck und Bindung: CPI books GmbH, Leck
Printed in Germany

Für Sandra,
die Neumünsteranerin

Inhalt

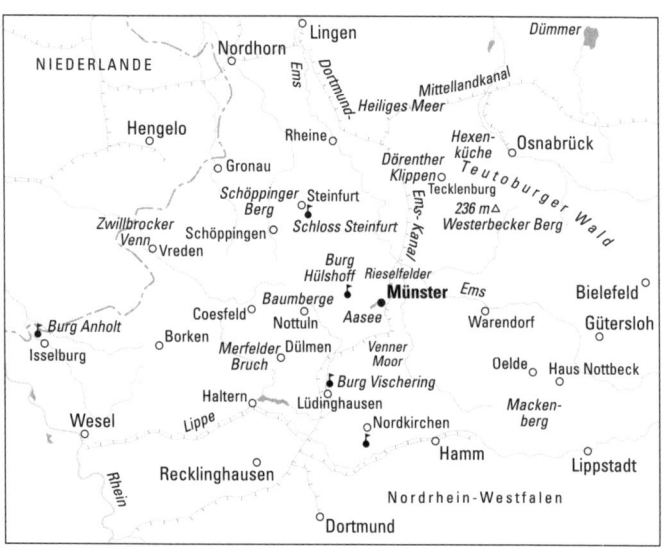

Lingen

Nordhorn

Dümmer

NIEDERLANDE

Ems

Dortmund-

Mittellandkanal

Heiliges Meer

Hengelo

Rheine

Hexen-
küche

Osnabrück

Gronau

Dörenther
Klippen

Teutoburger

Schöppinger
Berg

Steinfurt

Tecklenburg

236 m△

Wald

Zwillbrocker
Venn

Schöppingen

Schloss Steinfurt

Westerbecker Berg

Vreden

Burg
Hülshoff

Rieselfelder

Münster

Ems

Bielefeld

Baumberge

Coesfeld

Nottuln

Aasee

Warendorf

Gütersloh

Burg Anholt

Borken

Merfelder
Bruch

Dülmen

Venner
Moor

Oelde

Haus Nottbeck

Isselburg

Burg Vischering

Mackenberg

Wesel

Haltern

Lippe

Lüdinghausen

Nordkirchen

Hamm

Lippstadt

Recklinghausen

Rhein

Nordrhein-Westfalen

Dortmund

Stadt, Land, Münsterland

Vorwort

»Ich habe übrigens auch in Münster studiert.« Diesen Satz höre ich jedes Mal, wenn ich zu einer Lesung irgendwo in Deutschland unterwegs bin. Ersatzweise gilt die Variante: »Ich habe übrigens mal in Münster gewohnt.« Und stets ist da so ein Leuchten in den Augen meiner Gesprächspartner. Als wäre es eine Auszeichnung, eine Zeit lang dazugehört zu haben.

Ist es natürlich auch. Wer einmal in Münster gelebt hat, möchte eigentlich nicht mehr weg. Es sei denn, schwerwiegende berufliche oder Liebesgründe zwingen ihn oder sie dazu. Als Strafe droht lebenslanges Heimweh, das nur durch regelmäßiges Gucken von »Wilsberg«- und »Tatort Münster«-Folgen im Fernsehen gemildert werden kann. »Was Heidelberg für Japaner, das ist Münster für die Deutschen: der Inbegriff heiler Welt, so, als hätte es Gerhard Schröder und Angela Merkel nie gegeben«, schreibt Hajo Schumacher, ein gebürtiger Münsteraner, in der Süddeutschen Zeitung. Und Klaus Brinkbäumer, ebenfalls in Münster geboren, ergänzt im Spiegel: »Sollte Münster so etwas wie ein Blick in die Zukunft sein, dann fährt Deutschland bald lächelnd Fahrrad, sitzt in Straßencafés, schwirrt und flirtet, und vielleicht funkelt es sogar ...«

Als ich Mitte der Siebzigerjahre von der Zentralen Vergabestelle für Studienplätze nach Münster geschickt wurde, ahnte ich nicht, welches Schicksal mich erwarten würde. Anfangs wollte ich so schnell wie möglich zurück ins heimatliche Ruhrgebiet, doch nach zwei Semestern war der Wunsch wie weggeblasen. Es gefiel mir in Münster, sehr sogar. Ich blieb – auch nach dem Studium. »Münster klebt«, sagen die Einheimischen und grinsen.

Wer das Geheimnis von Münsters Attraktivität entschlüsseln will, muss sich nur mal angucken, welche Auszeichnungen die Stadt erhalten hat. Egal, um welchen Wettbewerb es sich handelt, ob als »lebenswerteste Stadt der Welt«, als umwelt- oder fahrradfreundlichste – Münster kassiert entweder Goldmedaillen oder zumindest Top-Platzierungen. Kurz gesagt: Münster ist eine Insel der Glückseligen.

Und sicher spielt es eine Rolle, dass diese Insel nicht von einem Meer an Ödnis umgeben ist, sondern von einem Park, genauer gesagt: der Parklandschaft Münsterland. Eine Gegend, die reich mit Wasserschlössern, alten Kirchen und malerischen Ortskernen gesegnet und so flach ist, dass man sie bequem mit Muskelkraft durchqueren kann. Weshalb es hier jede Menge ausgeschilderte Fahrradwege gibt, nie weit entfernt von Landgasthäusern, die sich auf radelnde Touristen (und Münsteraner) spezialisiert haben.

Wobei wir bei dem nicht ganz unkomplizierten Verhältnis zwischen Münsteranern und Münsterländern wären, denn Erstere halten Münster nicht für einen Teil des Münsterlandes, was die Zweiten in ihrer Ansicht bestärkt, dass die stets schick gekleideten Münsteraner etwas überheblich auf die »Landbevölkerung« herunterblicken.

In den Sechziger- und Siebzigerjahren des 20. Jahrhunderts gab es einen Kitt, der Münster und das Münsterland zusammenhielt: Preußen Münster. Doch seitdem die Preußen nicht mehr in der Fußball-Bundesliga oder knapp darunter spielen, sondern mittlerweile in der dritten Liga kicken, hat die Identifikation der Münsterländer mit ihrer Hauptstadt nachgelassen. Natürlich ist die Verwaltungs-, Bischofs- und Universitätsstadt Münster noch immer das politische, kulturelle, religiöse und wissenschaftliche Zentrum des Münsterlandes. Auf der anderen Seite haben sich die vier Landkreise Steinfurt, Warendorf, Coesfeld und Borken, in denen zusammen etwa 1,3 Millionen Menschen auf der doppelten Fläche des Saarlandes leben, wirtschaftlich und kulturell von ihrer ehemaligen Metropole emanzipiert. Die Zeiten, in denen das Fürstbistum Münster und die preußische Provinz Westfalen mit straffer Hand vom münsterschen Domplatz aus regiert wurden, sind eben schon länger vorbei als der Höhenflug der fußballernden Preußen.

Dieses Buch handelt also von Stadt und Land, von den Annehmlichkeiten einer intakten Großstadt und den Sehenswürdigkeiten einer überwiegend flachen Landschaft, durch die vor knapp zweihundert Jahren Annette von Droste-Hülshoff ihren Knaben im Moor rennen ließ. Und über die Otto Jägersberg, ein Münsterland-Autor des 20. Jahrhunderts (»Weihrauch und Pumpernickel«), im Zug sitzend sinniert: »Schöne Gegend mit Figuren, noch richtig aus richtigen Steinen gemauerte Häuser, Wiese und Kuh, Feld und Wallhecke, gut platziert. Wolken auch. Wolken als Geschiebezulage. Sollte man sich mal genauer anschauen.«

Von Liudger, den Wiedertäufern und dem Westfälischen Frieden

Eine kurze Geschichte Münsters

Sieht man von den germanischen Stämmen der Brukterer, Chamaven und Cherusker ab, die hier zur Zeit der Römer lebten und sich gelegentlich mit deren Armeen herumschlugen, dann beginnt die dokumentierte Geschichte Münsters und des Münsterlandes mit einem Missionar. Im Jahr 793 wurde der Mönch Liudger offizieller Missionsbeauftragter für ein Gebiet, in dem sich der sächsische Stamm der Westfalen niedergelassen hatte. Keine leichte Aufgabe, denn die Sachsen hingen noch an ihren germanischen Göttern und ließen sich nur widerwillig vom christlichen Glauben überzeugen. Karl der Große, Christ und Frankenkönig, musste gleich mehrfach über den Hellweg ins Sachsenland einrücken und die neue Religion mit dem Schwert verteidigen.

Mimigernaford – Monasterium-Münster

Liudger war sich der Gefahren durchaus bewusst. Er beschloss, seinen Hauptsitz in dem Dorf Mimigernaford am Ufer eines kleinen Flusses aufzuschlagen und dort ein befestigtes Kloster (= Monasterium) mit hohem Wall und Gräben zu errichten. Nur für den Fall, dass die Sachsen auf den Gedanken kommen sollten, die neu erbaute Holzkirche abzubrennen.

Aus Monasterium wurde Münster und Liudger 805 dessen erster Bischof. Ein Amt, das er lediglich vier Jahre ausüben durfte, denn bereits 809 starb Liudger auf einer Reise durchs Münsterland in dem Dörfchen Billerbeck.

Die folgenden Jahrhunderte verliefen ziemlich unspektakulär. Auch außerhalb des befestigten Klosters siedelten sich nun Handwerker und Händler an. 1170 erhielt Münster Stadtrechte, immer mehr Kirchen entstanden, ein zweiter, wesentlich längerer Befestigungsring kam hinzu, mit Stadtmauern, Wassergräben, Toren und Zugbrücken. Als Hansestadt nahm Münster am regen Handelsleben Nordeuropas teil, vierundzwanzig von den Besitzbürgern der Stadt gewählte Stadträte mit zwei Bürgermeistern an der Spitze entschieden weitgehend über alle politischen und juristischen Fragen – mit Ausnahme der Domimmunität, wie das Gebiet des alten Klosters in der Mitte der Stadt inzwischen genannt wurde.

Der Bischof, seit dem Sturz des Sachsenherzogs Heinrich im Jahr 1180 zum Fürstbischof des Bistums Münster befördert, regierte den größten Teil des heutigen Münsterlands (Oberstift) und noch einen Teil des Emslandes (Niederstift). Damit war er so beschäftigt, dass er die Stadt weitgehend in Ruhe ließ. Alles hätte friedlich so weitergehen können, wäre nicht Münster Mitte des 16. Jahrhunderts plötzlich zum Ort eines religiösen Experiments geworden, das in ganz Europa Aufsehen erregte.

Die Wiedertäufer

In der Zeit der Reformation leistete sich Münster den Luxus eines eigenen religiösen Visionärs. Bernhard Rothmann war Kaplan in St. Mauritz vor den Toren Münsters und zum Ärger seiner katholischen Vorgesetzten vom neuen Glauben infiziert. Dummerweise besaß Rothmann Charisma und Überzeugungskraft, jeden Sonntag pilgerten Heerscharen von Gläubigen aus Münster nach St. Mauritz, um seinen Predigten zu lauschen. Auch eine Fortbildung, zu der man den Kaplan nach Köln schickte, half nicht. Im Gegenteil: Rothmann wurde immer radikaler. Hatte er sich anfangs an Martin Luther orientiert, so lehnte er inzwischen die Kindstaufe ab, ebenso wie die Vorstellung, dass beim Abendmahl Brot und Wein in den Leib und das Blut Christi verwandelt würden. Ähnlich wie der selbst ernannte Prophet Melchior Hoffmann, der in Straßburg im Gefängnis saß, begann Rothmann, Erwachsene zu taufen. Ein gefährliches Ritual, denn die Wiedertäufer – wie die neue Sekte von der Obrigkeit genannt wurde – riskierten unerbittliche Verfolgung bis hin zu Todesurteilen.

Doch die Münsteraner ließen sich von derlei drakonischen Strafen nicht abschrecken. Täglich nahm die Zahl der doppelt Getauften zu. Und während Katholiken und Lutheraner – überwiegend die Wohlhabenderen – ihre Sachen packten und zu ihren Verwandten aufs Land zogen, strömten Wiedertäufer aus dem Münsterland und den Niederlanden nach Münster. Achttausend bis zehntausend Menschen lebten in dieser Zeit in Münster, allerdings waren die wenigsten von ihnen wahlberechtigt. Umso größer die Sensation bei der turnusmäßig stattfindenden Ratswahl im Februar 1534: klarer Sieg für die Partei der Wiedertäufer. Ein Beweis dafür, dass nicht nur die einfachen Handwerker, Bauern und Tagelöhner zu Rothmanns Anhängern gehörten, ohne die reichen Wahlbürger, die Handwerksmeister, Händler und einflussreichen Gilden hätte er sich nicht durchsetzen können.

Seinem eigentlichen Ziel, Münster zu einem neuen Jerusalem zu machen, zur Stadt der Auserwählten und Gerechten, die auf das Weltende und die Wiederkehr des Messias warteten, war Rothmann damit ein erhebliches Stück nähergekommen. Doch noch immer gab es Ungläubige in der Stadt. So wurden die übrig gebliebenen Katholiken und Lutheraner vor die Wahl gestellt: Entweder sie schlossen sich den Wiedertäufern an – oder sie mussten die Stadt verlassen.

Die Revolution hatte gesiegt. Und wie zumeist in solchen Fällen richtete sich die Wut des Volkes erst einmal gegen die alte Ordnung. Man plünderte die Kirchen und Klöster, zerstörte die als Ketzerei verurteilten Heiligenbilder und -skulpturen, auch Schuldbriefe, Verträge und das Ratsarchiv gingen in Flammen auf.

Nach dem Bildersturm führte Rothmann die Gemeinschaft der Gleichen ein. Sein Vorbild war das Frühchristentum, wie die Apostel sollten die Münsteraner auf eigenen Besitz verzichten. Wohnungen, Kleidung, Lebensmittel – alles gehörte allen und jeder bekam nach seinen Bedürfnissen. Natürlich stießen solche Ideale nicht bei sämtlichen Einwohnern Münsters auf uneingeschränkte Zustimmung. Insbesondere diejenigen, die nur pro forma zum neuen Glauben übergetreten waren, in der Hoffnung, die Herrschaft der Wiedertäufer unbeschadet zu überstehen, wehrten sich mit Händen und Füßen gegen ihre Enteignung. Ohne Erfolg. Und wer allzu heftig protestierte, musste feststellen, dass die errungene Freiheit genau da endete, wo sie sich gegen die neuen Herren richtete. In diesem Punkt unterschieden sich die Wiedertäuferführer nicht von späteren Revolutionshelden, die sich nach gelungenem Machtwechsel alsbald in Diktatoren verwandelten.

Vor allem Jan Matthys, der aus Haarlem nach Münster gekommene Prophetennachfolger Melchior Hofmanns, duldete keinen Widerspruch. Wer gegen ihn murrte – und das kam durchaus vor –, fand sich alsbald vor seinem Henker wieder. Tröstlich für manche, dass sie nach Matthys' Prophezeiungen nur noch ein paar Wochen im irdischen Jammertal ausharren mussten. Für den Ostersonntag 1534 hatte er das in der Apokalypse des Johannes beschriebene Ende der Welt vorhergesagt. Gerade rechtzeitig, denn Münster war mittlerweile eine belagerte Stadt.

Franz von Waldeck, der Fürstbischof von Münster, hätte sich vielleicht noch damit abgefunden, wenn die Hauptstadt seines Bistums zum Luthertum übergewechselt wäre, dem Reich der Wiedertäufer jedoch erklärte er den Krieg. Mit finanzieller Unterstützung der katholischen Fürstenkollegen hob Bischof Waldeck eine Söldnerarmee aus und brachte sie rund um Münster in Stellung. An eine simple Eroberung der Stadt war vorläufig allerdings nicht zu denken, die Stadtmauern stellten ein fast unüberwindliches Hindernis dar, zudem gaben sich die gut bewaffneten Wiedertäufer kämpferisch. Die Taktik des Bischofs bestand vielmehr darin, die Stadt auszuhungern.

Dem wollte Jan Matthys zuvorkommen. Zusammen mit wenigen Getreuen ritt der Prophet am Ostersonntag 1534 vor das Ludgeritor, direkt auf die bischöflichen Landsknechte zu. Sein Plan, dass sich am Tag des Weltuntergangs höhere Mächte zu seinen Gunsten einmischen würden, ging allerdings gründlich schief. Die auf den Stadtwällen versammelten Anhänger Matthys' mussten entsetzt mit ansehen, wie die Söldner ihren Propheten zuerst zerstückelten und dann seinen Kopf auf einen Zaunpfahl spießten.

Innerhalb der Stadtmauern breitete sich Ernüchterung aus. Nur einer erkannte in dieser desolaten Situation seine Chance: Jan van Leyden, ein ehemaliger Schauspieler und Schüler Jan Matthys'. Kurzerhand erklärte er sich zum neuen Propheten, verzichtete klugerweise jedoch darauf, den nächsten Weltuntergangstermin festzulegen. Stattdessen stimmte er die Münsteraner auf eine längere Belagerungszeit ein, und um den tristen Zeiten einen etwas glamouröseren Anstrich zu verleihen, ließ er sich obendrein zum König krönen. (Die Geschichten vom prunkvollen Hofstaat und den sechzehn Ehefrauen des Königs sind übrigens die in Münster bis zum heutigen Tag am besten überlieferten.)

Nicht alle Anweisungen des Königs wurden von seinen Untertanen klaglos hingenommen. Als er verfügte, dass sich die alleinlebenden Frauen – und von denen gab es eine Menge – einen männlichen Haushaltsvorstand suchen mussten, gab es lautstarke Proteste. Ebenso störten sich etliche alteingesessene Münsteraner, wie der reiche Pelzhändler und frühere Bürgermeister Bernd Knipperdolling, an den Machtallüren Jan van Leydens. Einmal provozierte Knipperdolling den Königsdarsteller mit angeblichen göttlichen Offenbarungen so lange, bis dieser ihn für drei Monate in den Kerker werfen ließ.

Im Großen und Ganzen aber hielten die Wiedertäufer zusammen und den Truppen des Bischofs stand. Hoffnungen auf Befreiung durch ein niederländisches Täuferheer oder von ausgesandten Predigern geschürte Aufstände im Münsterland zerschlugen sich allerdings regelmäßig. Immer wieder gelang es Bischof Waldeck, Boten abzufangen und Unterstützern den Weg abzuschneiden.

Unterdessen schnürte der enger werdende Belagerungsring die Stadt von jeglicher Zufuhr ab. Aus dem Sozialismus der ersten Zeit war längst eine Mängelwirtschaft geworden, die Wiedertäufer hungerten. Das Ende des Täuferreiches führte schließlich ein Verräter herbei. Heinrich Gresbeck, erst kurz zuvor aus Münster geflohen, öffnete in der Nacht vom 24. auf den 25. Juni 1535 den bischöflichen Soldaten eines der Stadttore. Es folgten drei Tage Gemetzel, bei dem fast alle männlichen Wiedertäufer starben. Gegen drei ihrer gefangen genommenen Anführer – Jan van Leyden, Bernd Knipperdolling und Bernd Krechting – inszenierte Bischof Waldeck einen Schauprozess, der am 22. Januar 1536 mit der öffentlichen Hinrichtung auf dem münsterschen Marktplatz endete. Nach vier Stunden Folter mittels glühender Eisen und Zangen wurden die Leichen der Täuferführer in drei eisernen Körben am Turm der Lambertikirche aufgehängt – »allen unruhigen Geistern zur Warnung und zum Schrecken«, wie es hieß.

Bernhard Rothmann, als Worthalter bis zuletzt der Chefideologe des Täuferreiches, fiel den bischöflichen Landsknechten nicht in die Hände. Dreißig Jahre lang hielt sich das Gerücht, er sei noch am Leben.

Der Westfälische Friede

Es dauerte einige Jahrzehnte, bis Münster seine vollen Stadt-rechte zurückerhielt. Mitte des 17. Jahrhunderts war die Wiedertäufer-Episode so weit verarbeitet, dass Münster zum Schauplatz einer der bedeutendsten Friedenskongresse der europäischen Geschichte werden durfte.

Wobei Kongress eigentlich der falsche Begriff ist. Denn die siebenunddreißig ausländischen und hundertelf deut-schen Gesandten, die fast sechs Jahre lang in Münster und Osnabrück residierten, um mit dem Westfälischen Frieden das Ende des auf dem halben Kontinent tobenden Drei-ßigjährigen Krieges (1618–1648) auszuhandeln, trafen sich nie gemeinsam. Zumeist fanden die Friedensverhandlun-gen bilateral und schriftlich statt. Und da die Gesandten keine eigenständigen Entscheidungen treffen konnten, son-dern sich immer wieder bei ihren Herrschern oder Regie-rungen rückversichern mussten, verging dabei eine Menge Zeit. Wenn – sagen wir mal – der spanischen Seite ein neues Angebot unterbreitet wurde, schickte der spanische Gesandte Conde de Peñaranda einen Boten zum spanischen König. Für die Strecke von Münster nach Madrid benötigte selbst ein guter Reiter bei häufigem Pferdewechsel rund drei Wochen. Rechnet man noch eine gewisse Zeit fürs Nach-denken hinzu, dauerte es rund zwei Monate, bis Graf Peña-randa seinem münsterschen Gesprächspartner eine Antwort übermitteln konnte.

Die Haupttätigkeit der Gesandten bestand also im Abwar-ten, was manchen ganz gehörig auf die Nerven ging. Einige vertrieben sich die Zeit mit Schreiben, andere veranstalteten rauschende Feste. Vor allem die Südländer konnten sich mit dem Tagungsort Münster nicht recht anfreunden. Sie klagten über die Kälte, den ständigen Regen und das in ihren Augen undiskutable kulinarische Niveau.

Einer der kreativsten unter den Gefrusteten war der Apostolische Nuntius Fabio Chigi, der als Alexander VII. später selbst zum Papst aufstieg. In einem Gedichtzyklus beschrieb er die »Heimat des Regens«, der er nicht viel Gutes abgewinnen konnte: »Dicker Schmutz liegt meist an den beiden Seiten der Straßen, / Ja, oft sieht man sogar dampfende Haufen von Mist. / Unter gemeinsamem Dach wohnen Bürger und trächtige Kühe, / Und mit dem stinkenden Bock auch noch die borstige Sau.«

Auch die Essgewohnheiten der Einheimischen bekamen ihr Fett weg: »Denn was im Morgenland blüht und gedeiht, suchst hier Du vergebens, / Nicht die Äpfel der Gärten des Königs Alkinoos gibt es, / Nicht die Genüsse Lukulls, nicht die feinen Speisen Apollos! / Denn der schlichte Westfale verachtet ein üppiges Leben, / Protzige Gaben verschmäht er, der tapfere Recke! / Mit seiner Schüssel Gemüse ist er schon völlig zufrieden, / Schwarzbrot isst er dazu, das mit goldgelber Butter bestrichen.« (Fabio Chigi: Gedichte, übersetzt von Dr. Hermann Bücker, Stadt Münster 1975)

Zur Partyfraktion der Gesandten gehörte der Franzose Henri d'Orléans, Herzog von Longueville. Sein Gefolge bestand aus mehr als sechshundert Personen, darunter Kanzlei- und Küchenpersonal, adelige Begleiter, Diener, Gardisten, Geistliche, Ärzte und Trompeter. Die Ankunft seiner Gattin, der schönen Herzogin Anne-Geneviève de Bourbon-Condé, feierte Longueville wie einen Staatsempfang, mit Kanonendonner und Spalier stehenden Soldaten, Mauleseln, livrierten Pagen, Edelmännern zu Pferd und Schweizergardisten zu Fuß. Und obwohl die Herzogin schnell zur Ersten Dame des Kongresses aufstieg, litt sie angeblich unter der Langeweile Münsters und sehnte sich zurück ins weltstädtische Paris. Longueville musste sich einiges einfallen lassen, um seine Frau zu unterhalten. Einmal ließ er einen dressierten Elefanten nach Münster kommen, der auf dem Prinzipalmarkt Kunststücke vollführte. Dann inszenierten die Franzosen Friedens- und Freudenballette, die sowohl in den eigenen Residenzen wie auch im städtischen Rathaus aufgeführt wurden. Die Ballette, eine Art Vorläufer des Musicals, waren eine bunte Mischung aus Pantomime, Deklamation, Gesang und Tanz, untermalt durch Geigenspiel. Für besondere Komik sorgte, dass die Frauenrollen von Männern gespielt wurden.

Abseits der unterhaltsamen Zerstreuung gab es allerdings auch Spannungen zwischen den in Münster vertretenen Nationen. Vor allem zwischen den Delegationen jener Länder, die auf den Schlachtfeldern Europas Krieg gegeneinander führten, ungeachtet der gleichzeitig laufenden Friedensverhandlungen. Um für Ruhe und Ordnung zu sorgen, hatte die Stadt einen erfahrenen Stadtkommandanten und tausendzweihundert Stadtsoldaten angeworben. Eine gewaltige Streitmacht bei rund zehntausend Einwohnern, zu denen noch einmal genauso viele Kongressteilnehmer kamen.

Gefahr von außen musste man hingegen nicht befürchten. Der Kaiser hatte Münster und Osnabrück zu neutralen Städten erklärt und von allen Verpflichtungen gegenüber ihren jeweiligen Landesherrn befreit. Zum ersten Mal in seiner Geschichte war Münster damit faktisch unabhängig vom Fürstbischof.

Die Hoffnung der Einheimischen, dass der Kongress auch einen wirtschaftlichen Aufschwung bringen würde, erfüllte sich jedoch nur zum Teil. Zwar gab es erhebliche Mieteinnahmen, doch die großen Gesandtschaften umgingen die münsterschen Kaufleute und schickten eigene Einkäufer hinaus ins Münsterland, wo sie nach Lebensmitteln und anderen Gebrauchsgegenständen Ausschau hielten. Luxusgüter wie Wein ließen sich die adeligen Herren aus ihren Heimatländern nachsenden. Zollfrei, versteht sich, wie es ihrem Diplomatenstatus entsprach.

Ein anderes Problem ergab sich durch die lange Dauer des Kongresses: Den Gesandtschaften der kleineren Fürstentümer ging das Geld aus. Sie lebten auf Pump und blieben Hausbesitzern und Kaufleuten Geld schuldig.

So atmeten alle auf, als es 1648 endlich zu Friedensvereinbarungen kam. Zuerst schlossen Spanien und die Niederlande im Januar einen Vertrag, der die Unabhängigkeit der Niederlande von der spanischen Krone garantierte. Dann, im August 1648, einigten sich auch die schwedisch-französische Partei auf der einen und die kaiserlich-kurbayerische Partei auf der anderen Seite.

Für die feierliche Ratifikation des spanisch-niederländischen Friedensvertrags erbat der spanische Gesandte Peñaranda die Überlassung der Ratskammer im münsterschen Ratshaus.

Seit diesem Ereignis, das gleichzeitig die einzige öffentliche Zeremonie des gesamten Kongresses darstellte, heißt die Ratskammer Friedenssaal.

Kanonenbischof und Provinzialhauptstadt

Die Selbstständigkeit während der Kongresszeit hatte in Münster mal wieder den Wunsch geweckt, sich vom Fürstbischof zu befreien. Eine im Stadtrat diskutierte Idee sah vor, den Kaiser um die Erhebung in den Rang einer unabhängigen Reichsstadt zu bitten. Wegen der zu erwartenden höheren Steuern ließ man den Plan später wieder fallen.

Ein noch verwegeneres Vorhaben verfolgten die Gilden, die neben dem Stadtrat mächtigen Organisationen der Handwerker und Händler. Sie träumten davon, Münster dem neu gegründeten Staat der Niederlande anzuschließen. Gildenvertreter reisten zu Geheimverhandlungen nach Den Haag, erhielten aber ausweichende Antworten. Grundsätzlich zeigten sich die Niederländer wohl interessiert, zögerten aber, sich mit dem Fürstbischof und dem deutschen Kaiser anzulegen.

Dem Fürstbischof selbst, seit 1650 hieß er Christoph Bernhard von Galen, konnte all das nicht gefallen. Drei Mal belagerte er seine Hauptstadt. Und da die Militärtechnik seit der Wiedertäuferzeit Fortschritte gemacht hatte, richteten seine Kanonen erhebliche Schäden innerhalb der Stadtmauern an, was ihm bei der Bevölkerung den Spitznamen Kanonenbernd einbrachte.

1661, bei der dritten Belagerung, kapitulierte die Stadt. Bischof Galen strich Münster sämtliche Privilegien, ließ im Westen ein Stück der Stadtmauer abreißen und eine Zitadelle errichten, eine Festung mit bischöflichen Soldaten, dazu gedacht, die Münsteraner dauerhaft in Schach zu halten.

Die Lücke, die die Zitadelle gerissen hat, ist noch heute zu erkennen. Zwar sind von der Stadtmauer nur noch Bruchstücke erhalten, doch verläuft an ihrer Stelle eine Fahrradallee, Promenade genannt, rund um die Stadt. Lediglich auf der Westseite, dort, wo die Zitadelle gestanden hat, ist die Promenade unterbrochen. Hier befinden sich heute das von Johann Conrad Schlaun erbaute Residenzschloss und der dahinter liegende Schlossgarten.

Obwohl für den Fürstbischof gebaut, hat nie ein Fürst im Schloss gewohnt. Im 18. Jahrhundert amtierten die Fürst-bischöfe von Münster oft gleichzeitig als Kölner Kurfürsten und zogen es vor, im Rheinland zu bleiben. Für die Regie-rungsgeschäfte schickten sie einen Minister nach Münster. Der wohl berühmteste unter ihnen war Freiherr Franz von Fürstenberg (1729–1810), der das Schulwesen reformierte, die Universität gründete und ein Komödienhaus errichtete.

Nach dem Tod des letzten Fürstbischofs und der napole-onischen Besatzung fiel das Münsterland 1815 an Preußen, und Münster wurde Provinzialhauptstadt der neu gegrün-deten Provinz Westfalen. Das war wahrlich keine Liebesbe-ziehung, das katholische Münster fühlte sich im protestanti-schen Preußen nicht recht wohl. Höhepunkt des Fremdelns war der Kulturkampf zwischen 1872 und 1887, in dem der preußische Staat Klöster auflöste, den Bischof verhaftete und kirchliches Vermögen versteigerte.

Den Katholizismus konnten die Preußen jedoch nicht aus Münster vertreiben. Während der Weimarer Republik do-minierte in Münster die katholische Zentrumspartei. Und nach 1933 hielt sich die Begeisterung für die Nationalso-zialisten in Grenzen. Obwohl die Nazis Münster zum Sitz der Gauleitung machten und am Aasee einen gigantischen Gebäudekomplex planten, kam Widerstand auch von ka-tholischer Seite. Bischof Clemens August Graf von Galen predigte öffentlich gegen die nationalsozialistische Ideolo-gie und das Euthanasieprogramm. Für die noch in Münster lebenden Juden konnte oder wollte auch er sich nicht ein-setzen. Von den rund siebenhundert jüdischen Bürgern, die 1933 in Münster wohnten, wanderte knapp die Hälfte aus, während die anderen deportiert wurden. Nur achtundzwan-zig von ihnen überlebten die Konzentrationslager.

Im Zweiten Weltkrieg wurde die münstersche Innenstadt zu neunzig Prozent zerstört. Glücklichen Umständen ist es zu verdanken, dass man sie nach dem Krieg nicht so praktisch und verwechselbar neu errichtete, wie das in den meisten deutschen Großstädten geschah. Eine Bürgerbewegung sorgte dafür, dass Straßen und Häuser der Altstadt wenn nicht restauriert, so doch in ihren Umrissen erhalten blieben. Die heutige Bevölkerung, durch Zuwanderung und Gebietsreformen auf mittlerweile zweihundertdreiundachtzigtausend Einwohner, darunter fünfzigtausend Studenten, angestiegen, weiß das zu schätzen. So ist die Altstadt nicht nur Touristenziel, sondern auch bei den Einheimischen sehr beliebt.

An jeder Ecke Geschichte

Ein Spaziergang durch Münsters Altstadt

Man kann Münster mit dem Flugzeug (Flughafen Münster-Osnabrück), mit dem Auto (Autobahnen A 1 und A 43) oder mit dem Zug erreichen. Sollten Sie mit dem Zug kommen und sollten Sie zudem gehört haben, dass Münster eigentlich eine ganz hübsche Stadt ist, müssen Sie unbedingt die Augen verschließen, solange Sie sich im Bahnhofsgebäude aufhalten. Oder, um den Münsteraner Götz Alsmann zu zitieren, der im Hauptbahnhof mal gefragt wurde, wo denn die Toilette sei: »Der Bahnhof *ist* die Toilette – mit Gleisanschluss.«

Als ich 1974 nach Münster kam, um hier zu studieren, sah der Hauptbahnhof schon so aus wie heute – nur ein bisschen weniger heruntergekommen. In all den Jahren gab es immer wieder Ausschreibungen, Pläne, Zusagen von Investoren, das Bahnhofsgebäude komplett umzubauen. Nie wurde etwas daraus. Auch Die Bahn (vormals Deutsche Bundesbahn) fand überall in Deutschland wichtigere Projekte. Man baute neue Bahnhöfe oder alte um, nur den in Münster vergaß man irgendwie immer. Mit der Folge, dass so hypermo-derne Erfindungen wie Rolltreppen oder Aufzüge in Müns-ters Bahnhofsgebäude einfach nicht existieren. Für manche Reisenden, die ihre schweren Koffer oder Kinderwagen zum Bahngleis schleppen müssen, kann das zum Horror werden.

Neuerdings sind jedoch gewisse Bauaktivitäten im Bahn-hof zu beobachten, zwar nur im Bahnsteigbereich und nicht im tristen Drumherum, aber immerhin. So besteht die berechtigte Hoffnung, dass in einigen Jahren auch der münstersche Bahnhof den Anschluss an die Gegenwart fin-den wird.

Doch nehmen wir mal an, Sie haben den Bahnhof unfall-frei verlassen. Dann wenden Sie sich Richtung Innenstadt und gehen ein paar Hundert Meter geradeaus. Bald über-queren Sie den Promenade genannten Fahrradschnellweg, der anstelle der alten Stadtmauer rund um die Stadt führt (zu den damit verbundenen Gefahren siehe das Kapitel über die Leezenhauptstadt). Innerhalb des Promenadenrings befinden Sie sich auf dem Gebiet des mittelalterlichen Münsters, das gerade mal zehntausend Menschen beherbergte – mitsamt ihren Schweinen, Kühen und Pferden.

Noch ein paar Schritte weiter, an der Stubengasse, stoßen Sie auf einen modernen Gebäudekomplex, der im Jahr 2010 fertiggestellt wurde. Früher stand hier das Clemenshospital, nach der Zerstörung des Krankenhauses im Zweiten Welt-krieg blieb das Gelände eine Brache, das heißt: ein Parkplatz. Wie immer, wenn etwas Neues gebaut wird, so lehnt auch in diesem Fall ein Teil der Bevölkerung die Architektur ab und findet das Ganze hässlich. Aber mal ehrlich: Was kann hässlicher sein als ein Parkplatz mitten in der Innenstadt?

Nun können Sie gleich nach links gehen, zu Münsters Prachtstraße, dem Prinzipalmarkt. Oder Sie machen einen

Schlenker nach rechts. Dort, am Rand der Stubengasse, zwischen Salzstraße und Servatiikirchplatz, stehen zwei der schönsten Gebäude, die der münstersche Baumeister Johann Conrad Schlaun (1695–1773) geschaffen hat: die Clemenskirche und der Erbdrostenhof. Die Clemenskirche, ein Kuppelbau nach römischem Vorbild, gilt als die bedeutendste Barockkirche Norddeutschlands (wenngleich mit Rokoko-Innenausstattung). Fürstbischof Clemens August ließ sie als Krankenhauskapelle für das nebenan gelegene Clemenshospital bauen.

Noch glanzvoller geriet Schlaun der Erbdrostenhof, der sich bis heute im Privatbesitz befindet. Als sich im 18. Jahrhundert der damalige Droste eine repräsentative dreiflügelige Anlage wünschte, kaschierte der Architekt das Problem der relativ kleinen Grundfläche dadurch, dass er einfach diagonal baute.

Sowohl Clemenskirche wie auch Erbdrostenhof zeigen die für Schlaun typischen Stilmittel: roter Backstein, kombiniert mit Baumberger Sandstein, dazu weiße, unterteilte Fenster und geschwungene Fassaden. Übrigens war Schlaun, nicht untypisch für die Baumeister seiner Zeit, auch noch ein hoher Militär. In der Nähe von Paderborn geboren, absolvierte er eine militärische Ausbildung beim Fürstbischof von Paderborn, bevor er als Generalmajor der Artillerie nach Münster wechselte. Glücklicherweise konnte er seinen Zweitberuf vernachlässigen und kam nie in den Gewissenskonflikt, als Artilleriegeneral das zerschießen zu müssen, was seine Baumeisterkollegen aufgebaut hatten.

Prinzipalmarkt

Schlenker hin oder her – jetzt stehen Sie endlich auf dem Kopfsteinpflaster des Prinzipalmarktes. Keine Reportage über Münster ohne Prinzipalmarktfoto. Kein »Wilsberg«- oder »Tatort«-Film, in dem nicht mindestens einmal der Prinzipalmarkt begangen oder befahren wird. Der Prinzipalmarkt ist die Visitenkarte, das Aushängeschild, das Logo Münsters. Die »gute Stube« – wie die Münsteraner sagen. Hier fand früher der Markt statt, hier wohnten die reichen Kaufleute und Honoratioren.

Auf den ersten Blick sehen die Giebelhäuser der breiten Straße so aus, als hätten sie sich aus den vergangenen Jahrhunderten unversehrt in die Gegenwart geschmuggelt. Erst beim zweiten Hinschauen stellt man fest, dass die meisten Fassaden oberhalb der Bogengänge ohne jeden Stuck auskommen, schlicht, ja geradezu modern wirken.

Tatsächlich ist der historische Prinzipalmarkt in einer Bombennacht im Oktober 1943 fast vollständig zerstört worden. Nach dem Krieg gab es sogar Pläne, die Innenstadt abseits des jetzigen Zentrums, auf der Sentruper Höhe, neu zu bauen. Der Widerstand der Bevölkerung, vor allem der Kaufmannschaft, brachte die Politiker von diesem Vorhaben ab. Stattdessen entstand der Prinzipalmarkt in vereinheitlichter, schlichterer Form neu, nur wenige Gebäude wurden nach historischen Vorbildern restauriert, darunter das Rathaus und das nebenan gelegene Stadtweinhaus.

Die älteste Bausubstanz des Rathauses geht auf das 12. Jahrhundert zurück, der reich mit Skulpturen geschmückte Treppengiebel stammt aus dem 14. Jahrhundert. Nicht zufällig steht das Rathaus gegenüber dem Eingang zum Domplatz, wo der Fürstbischof mitsamt seinen Domherren residierte. Die aufstrebende Bürgerschaft wollte mit dem repräsentativen Bau dem Landesherrn ihre Macht und ihren Reichtum demonstrieren.

Unbedingt einen Blick werfen sollten Sie auch ins Innere des Rathauses, genauer gesagt in den Friedenssaal, wie die historische Ratskammer seit dem Westfälischen Frieden genannt wird. Dass die originalen Holzvertäfelungen und Gemälde überhaupt noch erhalten sind, ist ihrer Auslagerung während des Krieges zu verdanken. Bereits 1942 brachte man sie auf dem Land in Sicherheit.

An den Wänden des Friedenssaals hängen zweiunddreißig Porträts von Gesandten des Friedenskongresses bzw. ihrer Regenten. Auch der Moment der feierlichen Vertragsunterzeichnung, zu der sich die spanische und die niederländische Delegation in der Ratskammer versammelten, ist in einem Gemälde von Gerard ter Borch festgehalten. Ansonsten entspricht die Ausstattung ihrem Zweck als Ort der Ratssitzungen, zu denen sich über Jahrhunderte stets vierundzwanzig Ratsherren trafen. Alle Ämter waren doppelt besetzt, es gab zwei Bürgermeister, zwei Kämmerer, zwei Weinherren, zwei Richtherren, zwei Hospitalherren usw. Von der Stirnseite aus leiteten die Bürgermeister die Sitzungen, hier steht auch der Richtertisch, an dem die Richtherren bei Gerichtsverhandlungen vorsaßen.

Besondere Gäste empfängt der Oberbürgermeister heute noch im Friedenssaal. Ganz besondere Gäste dürfen mit ihm den (ebenfalls ausgestellten) Goldenen Hahn köpfen, der zu diesem Zweck mit Wein gefüllt wird. Auch der Stadtrat tagt immer noch im Rathaus, allerdings ein Stockwerk über dem Friedenssaal in dem erheblich größeren Rathausfestsaal. Zusammen mit dem Stadtweinhaus nebenan, einem Spätrenaissancebau aus dem 17. Jahrhundert, der ursprünglich als

Weinlager diente, ist das Rathaus nach wie vor Zentrum der parlamentarischen Demokratie in Münster.

Am Ende des Prinzipalmarktes erhebt sich mit der Lambertikirche die älteste Stadtkirche Münsters. Stadtkirche deshalb, weil die rund um die Domburg siedelnde Bürgerschaft schon zur ersten Jahrtausendwende eine eigene Kirche haben wollte, unabhängig vom bischöflichen Dom. Die heutige Lambertikirche ist nach Bränden, Abrissen und Zerstörungen bereits die fünfte Auflage an derselben Stelle. An ihrem spätgotischen Turm hängen die drei originalen eisernen Körbe, in denen nach dem Ende des Wiedertäuferreiches dessen zu Tode gefolterte Anführer ausgestellt wurden. Dass der Fürstbischof für dieses grausige Mahnmal die Lambertikirche wählte, war pure Absicht: Die Bürgerschaft sollte die Körbe stets vor Augen haben, damit sie nicht erneut auf aufrührerische Gedanken kam. Wohl auch deshalb sind die Leichen nie entfernt worden, noch im 18. Jahrhundert entdeckte ein englischer Reisender ein paar Knochen in den Körben.

Falls Sie in den Abendstunden an der Lambertikirche vorbeigehen, könnten Sie zudem einen seltsamen Ton hören. Er stammt aus dem Horn des Türmers, der jeden Abend zur Turmspitze hochklettert und zwischen einundzwanzig und vierundzwanzig Uhr regelmäßig sein altmodisches Blasinstrument bedient. Seit der Fußball-WM 2010 ist der Ton allerdings etwas in Verruf geraten, er ähnelt sehr dem nervtötenden Vuvuzela-Getröte. Ursprünglich hatte der Turmwächter von St. Lamberti, der erstmals 1379 erwähnt wurde, eine ganz praktische Aufgabe: Er sollte vor Bränden in der Stadt warnen.

Bevor Sie dem Straßenverlauf folgen, lohnt es sich, erneut einen kleinen Schlenker zu machen, zur 1993 eröffneten neuen Stadtbücherei, die direkt hinter der Lambertikirche liegt. Mit ihren Bullaugen und Schrägen an ein Doppelschiff erinnernd, ist die zweiteilige, vom in Münster und London tätigen Architektenpaar Julia Bolles-Wilson und Peter Wilson geplante Bücherei einer der interessantesten Neubauten in der Stadt.

Kiepenkerl- und Kuhviertel

Zurück zur Lambertikirche und dem Prinzipalmarkt, folgen Sie jetzt dem Straßenknick nach links, wobei die Straßennamen hier häufig wechseln, von Drubbel über Roggenmarkt bis Bogenstraße. Nach rund zweihundert Metern ist man auch schon im Kiepenkerlviertel. Das deswegen so heißt, weil hier neben zwei gediegenen Restaurants selben Namens eine Bronzeskulptur steht, die einen Kiepenkerl darstellt. Nun fragen Sie vielleicht, was ein Kiepenkerl ist. Ganz einfach, ein Mann mit einer Kiepe auf dem Rücken. Beim Kiepenkerl handelte es sich um einen wandernden Kaufmann, der in seiner Kiepe (= Tragekorb) landwirtschaftliche Produkte zum Markt in Münster trug, um auf dem Rückweg dann Leinen, Kurzwaren und Töpfe für die Bauern mitzunehmen. Nach irgendeinem Dresscode, der vermutlich vor langer, langer Zeit aufgestellt wurde, sahen Kiepenkerle immer gleich aus: Sie trugen (neben der Kiepe) einen blauen Leinenkittel, eine Schiebermütze, einen Knotenstock und eine Pfeife im Mund. Im letzten Drittel des 20. Jahrhunderts wurde der Kiepenkerl auch von Münsters Stadtwerbung als Aushängeschild benutzt. Bis einem Verantwortlichen (oder einem Werbemenschen) auffiel, dass es für eine moderne Großstadt möglicherweise nicht ganz angemessen ist, sich von einem Hausierer symbolisieren zu lassen, der es nicht mal zu einer Pferdekutsche gebracht hat. Seitdem ist der Kiepenkerl ziemlich in den Hintergrund gedrängt worden. Falls Sie jedoch einen Ausflug zum Mühlenhof machen, einem Freiluftmuseum mit historischen münsterländischen Gebäuden (in der Nähe des Zoos), dann werden Sie dort auf etliche frei laufende Kiepenkerle stoßen.

Noch ein paar Hundert Meter weiter – Münsters Altstadt ist nicht besonders groß – sehen Sie auf der rechten Seite das Kuhviertel. Man könnte das Kuhviertel als Vergnügungsviertel bezeichnen, wäre der Begriff nicht durch anrüchige Rotlichtbars besetzt. Letztere gibt es im braven Münster natürlich (fast) nicht. Doch selbst die wenigen Ausnahmen, Animierclubs in Bahnhofsnähe, die mit leicht bekleideter Bedienung und hohen Getränkepreisen werben, wirken irgendwie verloren. Und Prostitution? Soll sogar in Münster existieren. Aber nur in Studios am Stadtrand oder gleich außerhalb der Stadtgrenzen.

Das Kuhviertel ist also ein Vergnügungsviertel der harmloseren Sorte, die größte Verlockung besteht darin, sich exzessiv zu betrinken (was auch nicht selten vorkommt). Am Rosenplatz, in der Kreuzstraße, der Kuhstraße und der Jüdefelderstraße reihen sich Kneipen und Restaurants aneinander. Hier steht das Brauhaus Pinkus Müller, eine traditionsreiche Privatbrauerei, ebenso wie die Cavete, die älteste Studentenkneipe Münsters. Der Legende nach war die Studentenschaft der münsterschen Uni in den Fünfzigerjahren zutiefst deprimiert, weil sich in der Bischofsstadt keine Kneipenszene für junge Leute fand. Ein entsprechender Artikel im Studentenblatt titelte mit der lateinischen Parole »Cavete Monasterium« (= Hütet euch vor Münster). Derart aufgeschreckt, soll der Rektor der Uni zwei Philosophiestudenten eine Studienreise durch Deutschland zur Erforschung der Kneipenkultur finanziert haben. Das Ergebnis zeigte sich in der Gründung der ersten Akademischen Bieranstalt zu Münster, ebenjenes Cavete.

Nun können Sie – soweit Sie Tourist sind und die Dämmerung bereits eingesetzt hat – sich unter die anderen Touristen und die einheimischen Studenten im Kuhviertel mischen und den Abend bei Altbier und Töttchen (was Sie da essen, werden wir noch erläutern) ausklingen lassen. Oder Sie wenden sich nach links, zur Liebfrauen-Überwasserkirche, deren Anblick erst einmal von Max Dudlers minimalistischem Neubau der Diözesanbibliothek verdeckt wird. Gegenüber der Kirche, in der Frauenstraße, befindet sich das Antiquariat Solder, das sich ein paarmal im Jahr in das Antiquariat Wilsberg der Fernsehreihe verwandelt. Seit den »Wilsberg«-Filmen verzeichnet der echte Antiquar erheblich mehr Zulauf im Laden. Allerdings kommen die wenigsten, um etwas zu kaufen. Meist schauen sich die »Kunden« nur um und sagen dann mit enttäuschtem Unterton: »Das ist ja viel kleiner als im Fernsehen.«

Sollten Sie über einen guten Orientierungssinn oder einen Stadtplan verfügen, haben Sie inzwischen längst bemerkt, dass wir uns rund um den Domplatz bewegt haben. Es ist also an der Zeit, zum Zentrum Münsters, zu den Anfängen seiner christlichen Besiedlung hinaufzusteigen.

Domplatz

Ich gebe zu, »Hinaufsteigen« ist eine leichte Übertreibung, doch tatsächlich müssen Sie einige Meter Höhenunterschied zwischen der Liebfrauenkirche und dem Domplatz überwinden. Überwasserviertel heißt das Viertel, aus dem Sie gerade kommen, übrigens deshalb, weil es (von der Stadtmitte aus gesehen) jenseits des Flüsschens Aa liegt, das Sie in diesem Moment überqueren.

Der Domplatz mit seinem Kopfsteinpflaster und dem alten Baumbestand ist eindeutig der schönste Platz Münsters. Gäbe es in seinem Umkreis einige Cafés mehr und dafür das eine oder andere Verwaltungsgebäude weniger, könnte er glatt mit jeder italienischen Piazza mithalten. Richtig lebendig wird der Domplatz mittwochs und samstags, wenn hier der Wochenmarkt stattfindet. Ansonsten strömen die Gläubigen relativ unbehelligt zum Eingang des Paulus-Doms, der ungefähr an derselben Stelle steht, die sich der Missionar Liudger für seine erste Kirche ausgeguckt hat. Mit dem Bau des jetzigen Doms wurde 1225 begonnen, die Baumberger Sandsteinquader haben daher eine romanische Grundprägung, zu der später Anbauten im gotischen Stil hinzukamen.

Eine völlige und nicht unumstrittene Neugestaltung erfuhr nach der Zerstörung im Zweiten Weltkrieg die Westseite des Doms, traditionell die Himmelsrichtung, in der sich die Haupteingangshalle mit dem Paradies befindet. Der damalige Bischof entschied sich gegen eine Restaurierung, verlegte das Paradies auf die Südseite und ließ die schlichte Westfront mit sechzehn lochähnlichen Fenstern im Runddesign versehen. Die entsprechenden Assoziationen im Volksmund, je nach Alter und Erfahrung, heißen Telefonwählscheibe oder Duschkopf.

Ein Gang ins Innere des Doms lohnt sich schon allein wegen der Astronomischen Uhr, einem Gesamtkunstwerk des Mathematikers Dietrich Tzwyfel, des Schmiedes Nikolaus Windemaker, des Mönchs Johann von Aachen und des Malers Ludger tom Ring des Älteren aus dem Jahr 1540. Der einzige Zeiger der riesigen Uhr bewegt sich linksherum, und jeden Mittag um Punkt zwölf Uhr machen sich oberhalb des Zifferblatts die Heiligen Drei Könige zu einem Rundgang auf.

Nun könnten Sie noch die Domkammer mit ihren Schmuckstücken und Reliquien besichtigen. Oder Ihnen ist mehr nach weltlicher Kunst zumute – dann empfiehlt sich das Westfälische Landesmuseum für Kunst und Kulturgeschichte gleich gegenüber. Leicht zu erreichen ist auch das Picasso-Museum am Anfang der Königsstraße.

Falls Sie das Residenzschloss mit Schlosspark und Botanischem Garten (einer meiner Lieblingsorte in Münster) sehen wollen, müssen Sie einen etwas längeren Fußweg in Kauf nehmen. Das Gleiche gilt für den Aasee, an dessen Ufer sich infolge mehrerer Skulpturenausstellungen interessante Kunstwerke angesammelt haben. Sie können es natürlich auch so machen wie die Münsteraner – und sich aufs Fahrrad setzen. Aber das ist wieder ein anderes Kapitel.

Leezenhauptstadt

Mehr Fahrräder als Einwohner

Wie viele Fahrräder es in Münster gibt, weiß niemand so genau. Seriösen Schätzungen zufolge sind es mehr als fünfhunderttausend, also knapp zwei Fahrräder pro Einwohner. Nun kann man vielleicht die Frage stellen, wieso die Münsteraner zwei Fahrräder brauchen, wo doch jeder normale Bundesbürger mit einem Fahrrad auskommt. Die Antwort sieht man überall im Stadtbild: Sehr, sehr viele Fahrräder stehen herum.

Zum Beispiel – um auf das schreckliche Thema zurückzukommen – rund um den Bahnhof. Vor allen Ausgängen stehen gigantische Ansammlungen von Fahrrädern, in Erhaltungsstufen von schrottreif bis hochglanzpoliert. Und das sind nur die unter freiem Himmel abgestellten; gleich nebenan, auf dem Bahnhofsvorplatz, befindet sich der Eingang zu einem unterirdischen Fahrradparkhaus (Radstation) mit Fahrradwaschanlage und dreitausenddreihundert Stellplätzen. Übrigens kann man hier auch Fahrräder ausleihen.

Fahrräder, die nur herumstehen, scheinen ihren Daseinszweck zu verfehlen. Allerdings benutzen viele Münsteraner täglich ein Fahrrad, um zum Bahnhof zu kommen, von wo aus sie zu einem Arbeitsplatz in einer weniger schönen Gegend (ich will hier keine Namen nennen) reisen. Umgekehrt parken Auswärtige, die in Münster arbeiten, ihre Fahrräder über Nacht am Bahnhof. So wechseln sich Tages- und Nachtparkplätze ab, abgesehen von einer Dunkelziffer »entsorgter« Fahrräder, die ihrem Rosttod entgegendämmern. Die Frage, wie lange so ein Rostgestell auf öffentlichen Flächen herumstehen muss, bevor das Ordnungsamt einschreiten und das missliebige Objekt entfernen darf, beschäftigt seit Jahren die Gerichte. Inzwischen ist sogar das Bundesverkehrsministerium zwecks neuer Gesetze involviert.

Aber nehmen wir mal an, die Besucher sind gar nicht mit dem Zug oder dem Flugzeug nach Münster gekommen, sondern mit ihrem eigenen Auto. Dann haben sie jetzt ein echtes Problem. Denn in Münster gilt, abweichend von der im restlichen Deutschland angewendeten Straßenverkehrsordnung und nur Einheimischen bekannt, eine ganz spezielle Regel: Fahrradfahrer haben immer Vorfahrt. Fahrradfahrer beachten rote Ampeln grundsätzlich nicht, sie überholen links oder rechts nach Belieben, sie schneiden Autofahrern (und natürlich auch Fußgängern) den Weg ab, sie dürfen Einbahnstraßen (zumeist ganz legal) in beiden Richtungen befahren, sie legen wenig Wert auf Handzeichen beim Abbiegen oder eine funktionierende Lichtanlage in der Nacht. Fahrradfahrer sind, um es in zwei Worten zu sagen, die Könige Münsters.

Auswärtige Autofahrer bringt das oft schier zur Verzweiflung. Manche sind weder mit einem umfassenden Fahrradwegenetz noch mit der starken Nutzung desselben vertraut.

Da kann ein einfaches Rechtsabbiegen schon mal zur Prüfung werden. Denn münstersche Fahrradfahrer würden niemals auch nur einen Millimeter von der ihnen (in diesem Fall auch nach der allgemeingültigen StVO) zustehenden Vorfahrt zurückweichen. Selbst auf die Gefahr hin, Leib und Leben zu riskieren. Was – und das ist der tragische Schatten der Fahrradmetropole Münster – durchaus wörtlich zu verstehen ist: Münster steht, bezogen auf die Einwohnerdichte, bei der Zahl der Verkehrstoten in Deutschland an der Spitze.

Doch nicht nur Auswärtige, auch Einheimische, die gezwungenermaßen mal das Auto benutzen, kennen diesen täglichen Horror. Besonders berüchtigt ist der Ludgerikreisel, ein zweispuriger, viel befahrener Kreisverkehr, auf dem sich Autos und Fahrräder den Platz teilen müssen. Was schon am Tag schwierig genug ist. Des Nachts und bei Regen kann sich die Situation ins Albtraumhafte steigern. Ich selbst habe mehrfach erlebt, wie dunkel gekleidete Radfahrer ohne funktionierende Beleuchtung an ihren Fahrgeräten plötzlich vor den Scheinwerfern meines Autos auftauchten. Und mir, obwohl ich es stets rechtzeitig schaffte, mit einer Vollbremsung vor ihnen zum Stehen zu kommen, noch einen vernichtenden Blick zum Abschied zuwarfen. Schließlich hat man als Autofahrer in Münster zu ahnen, dass irgendwo ein Radfahrer herkommen könnte.

Das schlimmste Vergehen in den Augen der Radfahrer ist allerdings das Zuparken eines Fahrradweges. Da kennen die münsterschen Radler keine Gnade. Wer wissen möchte, wie sein Auto zerkratzt und zerbeult aussieht, muss es nur mal eine halbe Stunde auf einem Fahrradweg abstellen.

Übrigens lebt man auch als Fußgänger in Münster nicht ungefährlich. Bevor man einen Fuß auf einen der rot gepflasterten Fahrradwege setzt, sollte man sich nach allen Seiten absichern. Und sich auf der Promenade, der rund um Münster verlaufenden Fahrradallee, stets an den für Fußgänger reservierten Seitenstreifen halten. Die breite asphaltierte Fläche in der Mitte der Promenade ist ein Fahrradschnellweg, da tritt niemand freiwillig auf die Bremse.

Besucher können sich natürlich auch – und jetzt kommen wir endlich zum Positiven – selbst auf ein Fahrrad setzen. Dann gehören sie plötzlich zu den Privilegierten. Kaum eine Stadt in Deutschland ist so fahrradfreundlich wie Münster, bei entsprechenden Wettbewerben hagelt es regelmäßig Auszeichnungen. Schon vier Mal erhielt Münster den vom Allgemeinen Deutschen Fahrradclub (ADFC) verliehenen Titel Fahrradhauptstadt Deutschlands. Alle größeren Straßen im Stadtgebiet verfügen über Fahrradwege und -spuren (insgesamt zweihundertdreiundsechzig Kilometer), überall findet man Fahrradständer. Es gibt viele Fahrradampeln und besondere (offizielle) Verkehrsregelungen für Fahrradfahrer. Münster ist so flach, dass man jedes Ziel innerhalb des Stadtgebiets bequem auf einem Dreigang-Hollandrad erreichen kann. Für manches Sehenswerte, wie das Vogelschutzgebiet Rieselfelder im Norden, Annette von Droste-Hülshoffs Rüschhaus im Westen oder das Skulpturenufer am Aasee, gibt es kein besseres Verkehrsmittel als das Fahrrad. Münster eignet sich zudem hervorragend als Ausgangspunkt für eine Fahrradtour durchs Münsterland (dazu später mehr).

Bei aller Freude über die neu gewonnene Beweglichkeit sollte man jedoch nie vergessen, das Fahrrad abzuschließen. Denn leider ist Münster noch in einer anderen Statistik führend: in der Kriminalitätsstatistik. Nirgendwo in Nordrhein-Westfalen werden – wiederum bezogen auf die Einwohnerzahl – so viele Straftaten begangen wie in Münster. Zum Glück gilt das nicht für die Schwerkriminalität, da geht es in Münster vergleichsweise friedlich zu. Den Ausreißer verursacht ein einziges Delikt: Fahrraddiebstahl. Pro Jahr werden in Münster sechstausend Fahrräder gestohlen. Besser gesagt: Fahrraddiebstähle gemeldet, die wahre Zahl dürfte noch höher liegen.

Und obwohl sich das Polizeipräsidium Münster energisch gegen den Verbrechenssumpf stemmt und mit der SoKo Speiche sogar eine Sondereinheit gebildet wurde, die gelegentlich Fahrräder auf der Promenade kontrolliert, ist die Aufklärungsquote deprimierend niedrig. Wobei nur ein Teil der Diebstähle zum Zweck der dauerhaften Aneignung erfolgt. Ebenso häufig handelt es sich um Spontantaten. Vor allem von angetrunkenen Jugendlichen, die sich in der Nacht, wenn der letzte Bus abgefahren ist, ein Fahrrad »ausleihen« und es dann in der Nähe ihres Wohnhauses »abstellen«. Andere fahren mit einem gestohlenen Fahrrad so lange herum, bis es ihnen ein anderer abnimmt. Womöglich sogar der rechtmäßige Besitzer.

Ach ja, ich besitze übrigens auch zwei Räder, ein Hollandrad und ein Mountainbike. Und ich benutze sie sogar regelmäßig.

Übrigens: Ich habe noch gar nicht erklärt, warum das Kapitel die Überschrift Leezenhauptstadt trägt. In Münster heißen Fahrräder nämlich gar nicht Fahrräder, sondern Leezen. Das ist Masematte. Und was Masematte ist, erkläre ich im nächsten Kapitel.

Jovel, schofel

In Münster spricht man Masematte

Wenn Reisende durch Münster schlendern und den Einheimischen zuhören, schnappen sie mit großer Wahrscheinlich-
keit Wörter auf, die sich keiner bekannten Sprache zuord-
nen lassen. Da empört sich vielleicht jemand über einen
schofelen Seeger oder ein anderer lockt seine Begleiter in
eine jovele Pinte, möglicherweise um dort Kalinen zu treffen. Dass man dorthin mit der Leeze fährt, ist ja selbstverständlich.

Dass man nicht versteht, um was es geht, war ursprünglich sogar Sinn der Sprache. Denn Masematte ist im 19. Jahrhundert als Geheimsprache von Pferdehändlern, ethnischen
Minderheiten und Bauarbeitern entstanden, einzig und
allein zu dem Zweck, sich ungestört über anwesende Angehörige anderer Schichten und Milieus (oder der Staatsmacht)
unterhalten zu können. Und nicht zufällig gibt es zahlreiche Überschneidungen mit der Gaunersprache Rotwelsch.

Es wäre übrigens übertrieben zu behaupten, dass es sich

bei Masematte um eine vollwertige Sprache handelt. Insgesamt sind rund fünfhundert Wörter dokumentiert, die von den Sprechern in ihre Alltagssprache, Plattdeutsch oder Hochdeutsch, integriert wurden. Eine eigene Masematte-Grammatik gibt es daher ebenso wenig wie eine originale Schriftform. Erste aufgezeichnete Masematte-Texte stammen aus einer Zeit, als die Sprache bereits im Aussterben begriffen war. Oder anders gesagt: als sich Journalisten und Wissenschaftler für sie zu interessieren begannen.

Wo und wie genau Masematte »erfunden« wurde, liegt bis heute im Dunkeln. Vieles spricht dafür, dass zuerst jüdische Pferdehändler die Sprache benutzten, um sich über ihre Kunden auszutauschen. Für diese These sprechen der hohe Anteil jiddisch-hebräischer Wörter sowie die Tatsache, dass sich die ersten Verbreitungsgebiete entlang der Wolbecker Straße, zwischen den Pferdemärkten in Münster, Wolbeck und Telgte, bildeten. Auch der Name Masematte stammt von einem hebräischen Wort ab und bedeutet Verhandlung (massa u'matan). Ursprung der Sprache ist daher wohl der Verkaufs- oder Verhandlungsakt, erst später wurden andere Lebensbereiche, vor allem der menschlichen Bedürfnisse, des Wohnens und Arbeitens, einbezogen.

Dennoch blieb Masematte immer eine Sprache der einfachen Leute. Neben dem Jiddisch-Hebräischen finden sich Spracheinflüsse der Sinti und Roma, die um 1900 vor allem im Herz-Jesu-Viertel, auch Klein-Muffi genannt, lebten. Slawische und romanische Einsprengsel lassen vermuten, dass Fremdarbeiter, die zum Bau des Dortmund-Ems-Kanals und des Hafens nach Münster kamen, ebenfalls an der Sprachbildung beteiligt waren. So ähnelt Masematte zwar anderen Viehhändler- und Landfahrersprachen, ist in seiner speziellen Ausprägung jedoch nur in Münster anzutreffen.

Bis zum Zweiten Weltkrieg wurde Masematte hauptsächlich in vier münsterschen Vierteln gesprochen: Neben dem bereits erwähnten Klein-Muffi am Kanal waren das Pluggendorf, das Kuhviertel sowie die Gegend um die Sonnenstraße, allesamt sozial schwächere Wohngebiete, wie man heute sagen würde. Unter die hier lebenden Arbeiterfamilien mischten sich Kriminelle, Lumpensammler und Prostituierte. Die Sonnenstraße beispielsweise erhielt ihren Namen nicht in Anlehnung an unseren Fixstern, sondern weil sich in der Straße ein Bordell befand: Auf Masematte heißt eine Prostituierte Sonne. Und über das Kuhviertel kursierte der Spruch: »Tasche, Brink und Ribbergasse – Messerstecher erster Klasse.«

Die Herrschaft der Nationalsozialisten läutete dann das Ende der Masematte ein – zumindest als Umgangssprache. Viele ihrer Sprecher, Juden, Sinti, Roma, wurden verfolgt und ermordet, etliche Masematte-Viertel im Zweiten Weltkrieg derart zerstört, dass sich ihre überlebenden Bewohner in anderen sozialen Zusammenhängen wiederfanden – und Masematte nicht mehr zur Verständigung benutzen konnten. Lediglich in Klein-Muffi, das relativ intakt blieb, hielten sich Masematte-Sprachreste bis in die Neunzigerjahre. Allerdings empfanden die originalen Sprecher ihr Wissen mittlerweile als sozialen Makel und ließen Außenstehende, wenn überhaupt, nur unter dem Preis der Anonymität teilhaben.

Bezeichnenderweise stammt der erste geschriebene Masematte-Text aus dem Jahr 1946, aus einer Zeit also, als die echte Masematte bereits untergegangen war. Zunehmend bemächtigten sich Journalisten und Akademiker der Sprache, schrieben Zeitungsglossen auf Masematte oder dichteten Märchen um. Der Anfang von Rotkäppchen klingt dann etwa so: »Es war einmal ein kurantes Anim, das böschte immer mittem roten Dohling durch die Bendine. Deshalb labderte jeder Hegel es als ›Rotdohlinchen‹ an. Eines Tages schmuste die Alsche von dem Anim: ›Los, schemm mal zu Oma. Schuck ihr was zum Achilen und was zum Picheln. Aber sei mucker und scherbel nich vonne Strehle runter.‹« (Aus: Textbuch Masematte, hrsg. von Klaus Siewert, Waxmann Verlag, Münster 1993)

Karnevalsvereine und deren Büttenredner entdeckten den Reiz der Masematte, die Karnevalsgesellschaft Unwiesität trägt gleich ein Masematte-Wort im Namen (unwies = verrückt). In den Siebziger- und Achtzigerjahren fand dann ein reduzierter Masematte-Wortschatz Eingang in die Jugendkultur. So nannte Steffi Stephan, der Bassist von Udo Lindenbergs Panikorchester, seine Konzerthalle Jovel Music Hall. Jovel, schofel und noch etwa zwanzig weitere Begriffe bereichern seitdem die münstersche Alltagssprache. Da kann es sein, dass eine junge Mutter ihr Kind im Kotenbeis (Kindergarten) abliefert, sich Jugendliche zum Plümpsen (Baden) verabreden, nach einem Regenschauer die Plinte (Hose) nass geworden ist oder in einer Pinte (Kneipe) mal wieder schlechte Kamine (Luft) herrscht, weil trotz Rauchverbots Primangelos (Zigaretten) geraucht werden.

In dem Kriminalroman »Wilsberg und der tote Professor«, der an der Universität Münster spielt, habe ich das Thema Masematte aufgegriffen. Der schon zu Beginn der Geschichte zu Tode kommende Sprachwissenschaftler ist Spezialist für Geheimsprachen, sein Assistent hat über Masematte promoviert. In der Verfilmung mit dem Titel »Wilsberg – Doktorspiele« gibt es einige Dialoge auf Masematte, die für die Nichtmünsteraner unter den Fernsehzuschauern untertitelt wurden. Da schwärmt etwa Ekkis ältere Nachbarin gegenüber ihrer Freundin von Ekkis kurantem Tokus (knackigem Hintern). Und Dr. Haus, der Masematte-Kenner, glaubt, Wilsberg ungeschoren auf Masematte beleidigen zu können: »Maloch mi am Tokus, schofel Mispel!« (Küss meinen Hintern, mieser Typ!) Doch Wilsberg kontert ungerührt: »Dich verkasematuckel ik am End.« (Dich fresse ich am Ende auf.)

Für alle, die bei ihrem Besuch in Münster nicht aufs Eis geführt werden möchten, von wem und bei welcher Gelegenheit auch immer, hier eine kleine Auswahl an Masematte-Beispielen:

achilen – essen
Anim – Mädchen
Beis – Haus; *Burkbeis* – Arbeitsamt; *Kotenbeis* – Kindergarten
beschucken – bezahlen; *Schuck* – Geld
Döppen – Augen; *Döppenleeze* – Brille
jovel – gut, angenehm, schön, hübsch
Kabache – niedriges, schlechtes oder verwahrlostes Haus
Kaline – Mädchen, Frau
Keilof – Hund
kneistern – sehen, wahrnehmen, wissen
Koten – Kleinkind
Leeze – Fahrrad
Lowine – Bier, Flasche Bier
Murmelschuppen – Kirche
Nerbloköster – Spinner, Verrückter
Pani – Wasser; *Bölkenpani* – Mineralwasser (Rülpswasser)
Patte – Geldbörse
Plinte – Hose, Unterhose
plümpsen – schwimmen, baden
poofen – schlafen
schickern – trinken, betrinken; *Schickermann* – Betrunkener

schmusen – erzählen, plaudern
schofel – schlecht, mies, gemein, übel
Schond – Toilette
schoren – stehlen, klauen; *Schore* – Diebesgut
Seeger – Mann, Kerl
unwies – verrückt

Kreativkai

Der münstersche Hafen wandelt sich

Für manche Besucher ist es vielleicht überraschend, dass
Münster überhaupt einen Hafen hat. Die Stadt wirkt so
wenig maritim und der Hauptfluss Aa – in anderen Regi-
onen würde man eher von einem Bach sprechen – schlängelt sich so beschaulich durch die Innenstadt, dass man keine
größere Wasserstraße in der Nähe vermutet. Und doch.
Der Dortmund-Ems-Kanal, der, wie der Name schon sagt,
Dortmund mit der Ems und damit der Nordsee verbindet,
ist einer der viel befahrenen Wasserwege Deutschlands. Er
durchschneidet das Stadtgebiet von Süden nach Norden und
versorgt den relativ zentral gelegenen Hafen.

Genau genommen sind es zwei Hafenbecken, genannt
Stadthafen I und Stadthafen II. Der südlicher gelegene und
kleinere Stadthafen II erfüllt noch mehr oder weniger seine
ursprüngliche Bestimmung, hier gibt es Speditions- und
Ölfirmen, die Frachtschiffe be- und entladen, wenn auch
nicht in schneller Frequenz. Beim weitaus größeren Stadt-

hafen I in der Nähe der Innenstadt erinnern jedoch nur noch das Wasser und eine malerische Kranruine an einen Industriehafen. Auf seiner Nordseite, vom Stadtmarketing Kreativkai getauft, hat sich seit den Achtzigerjahren eine zuerst schleichende, dann rasante Entwicklung vollzogen, die den tristen Hafenrand in eine innerstädtische Flaniermeile verwandelte. Wobei die »Kreativen« – Werbeagenturen, Architekturbüros, ein Theater, Künstlerateliers und Verlage – inzwischen das schmückende Anhängsel für eine immer dichter aufgezogene Kette von Kneipen, Restaurants und Clubs abgeben.

Max-Clemens-Kanal

Pläne, Münster auf dem Wasserweg mit Gütern zu versorgen, existierten bereits im 17. Jahrhundert. Verglichen mit dem mühseligen Transport auf Pferdekutschen, stellten Schifffahrten die wesentlich bequemere und effektivere Alternative dar. Die Frage war nur, wohin sollte ein Kanal führen.

Neben baulichen Problemen gab es auch politische zu bedenken. Mal favorisierten die Fürstbischöfe eine Verbindung zu den Niederlanden und Amsterdam, mal eine zur Nordsee und Emden.

Erstmals konkret wurde Fürstbischof Clemens August von Bayern, der 1724 den ersten Spatenstich für eine modifizierte Niederlande-Lösung feiern ließ. Der nach ihm und seinem Nachfolger Max Friedrich von Königsegg-Rothenfels benannte Max-Clemens-Kanal sollte nach Nordhorn und zum Fluss Vechte führen, der von da ab bis zum Ijsselmeer und Amsterdam schiffbar war.

Offenbar setzte Clemens August seinen Baumeister, den friesischen Wasserbau-Ingenieur Georg Michael Meetsma, ziemlich unter Druck. Denn Meetsma ging ohne ausreichende Berechnungen der Höhenunterschiede und der Wasserzufuhr ans Werk, sodass der Fürstbischof zwar im folgenden Jahr schon eine vier Kilometer lange Strecke von Münster bis zum Dörfchen Kinderhaus (heute ein Stadtteil von Münster) per Schiff zurücklegen konnte, dortselbst aber auf Grund lief.

1731 erzwangen Geldmangel und neuerliche politische Schwierigkeiten ein Ende der Bauarbeiten. Die Vechte hatte man nicht erreicht, der Kanal endete im münsterländischen Nirgendwo, das den Namen Clemenshafen erhielt. Zwischen 1767 und 1771, unter Fürstbischof Max Friedrich, kamen noch einmal sechs Kilometer hinzu, konsequenterweise hieß das neue Endstück Maxhafen. Dann war aber auch Schluss. Insgesamt besaß der Max-Clemens-Kanal eine stolze Länge von sechsunddreißig Kilometern, die man an einem Tag gut schaffen konnte. Trotzdem wurde der Kanal bis ins 19. Jahrhundert intensiv genutzt. Hauptsächlich in eine Richtung, fast alle Waren landeten als Importe in Münster, heraus aus der Stadt fuhren die Schiffe meist leer.

Da niemand in eine Erneuerung oder Verlängerung des Kanals investierte, verschlechterte sich sein Zustand zunehmend. 1840 musste der Schiffsbetrieb eingestellt werden. Seitdem versandete das Kanalbett, das noch heute teilweise zu erkennen ist. In Münster führt die Kanalstraße vom Kreuzviertel, wo sich der erste Hafen befand, bis nach Kinderhaus entlang der ersten Baustufe.

Der neue Hafen

Gut hundert Jahre später verfolgte Wilhelm II., preußischer König und deutscher Kaiser, einen ungleich energischeren, um nicht zu sagen: professionelleren Ansatz. Gegen erhebliche Widerstände setzte Wilhelm den Bau eines Kanals durch, der das östliche Ruhrgebiet mit der Nordsee verband. Im August 1899 übergab der Monarch den Dortmund-Ems-Kanal nach siebenjähriger Bauzeit seiner Bestimmung. Der neue münstersche Stadthafen war da schon seit ein paar Monaten inoffiziell in Betrieb, die feierliche Eröffnung holte man im Oktober 1899 nach.

Allerdings musste die Stadt für den Hafen erst noch erweitert werden. Bis 1875 hatte sie eine Größe von gerade mal zwei Quadratkilometern, das war das Gebiet innerhalb der Promenade bzw. der alten Stadtmauern. Hier lebten rund fünfunddreißigtausend Menschen, für eine preußische Provinzhauptstadt nicht besonders beeindruckend. 1875 wurde das Stadtgebiet auf elf und 1903 dann auf sechsundsechzig Quadratkilometer vergrößert. Jetzt lag auch der neue Stadthafen innerhalb der Stadtgrenzen und verhalf Münster mit leichter Verzögerung zur Großstadtreife. Im Kriegsjahr 1916 erreichte die Stadt die Einhunderttausend-Einwohner-Grenze und rückte in den Kreis der Großstädte auf, bis heute als einzige Stadt im Münsterland.

Der münstersche Hafen war von Anfang an eine Erfolgsgeschichte. Zahlreiche Firmen siedelten sich hier an, die Stadt baute ein mit Türmchen verziertes Verwaltungsgebäude und Versorgungseinrichtungen wie das Elektrizitätswerk und die Gasanstalt. Ein Gleisstrang am Nordufer verband das Wasser- mit dem Schienennetz und hinter dem Hafen entstand ein komplett neuer Stadtteil, der zunächst

Hafen-Neustadt hieß und später in Hansaviertel umgetauft wurde.

Wie schon zuvor beim Max-Clemens-Kanal diente auch der neue Stadthafen hauptsächlich den Importen. Die Verwaltungs- und Beamtenstadt Münster besaß nur wenige Industriebetriebe und hatte einfach nichts zu exportieren, stattdessen wurden Getreide, Holz, Baustoffe und Futtermittel für das gesamte Münsterland angelandet. Nach einer ersten Boomphase vor dem Ersten Weltkrieg und kriegsbedingten Einbrüchen kam es in der Weimarer Republik erneut zu einem Aufschwung. In dieser Zeit betrieb die Stadt Münster sogar zwei Passagierschiffe, die im Sommer den Kanal auf und ab schipperten.

1945 legten Bomben den Schiffsverkehr auf dem Dortmund-Ems-Kanal lahm, doch 1946 liefen schon wieder über vierhundert Schiffe in den münsterschen Hafen ein. 1962 schließlich brummte es im Hafen wie noch nie. Fast viertausenddreihundert Schiffe legten in diesem Jahr an den Kais an und luden 1,2 Millionen Tonnen Güter ab.

Von da an ging es allerdings stetig bergab. Firmeneigene Häfen sowie die Verlagerung des Güterverkehrs auf Schiene und Straße führten zu einem Bedeutungsverlust des Hafens. 1997 wurden nur noch dreihundertfünfundfünfzig einlaufende Schiffe im Hafen gezählt, einziger Großkunde waren mittlerweile die Stadtwerke, die Kohle für ihr Heizkraftwerk löschten.

Bereits in den frühen Achtzigerjahren standen auf der Nordseite des Hafens etliche Lagerhäuser leer und drohten zu verkommen. Deshalb waren die Besitzer froh, dass sich plötzlich eine neue Kundschaft, die rein gar nichts mit Schifffahrt zu tun hatte, für die Häuser interessierte. Auch rein optisch unterschieden sich die neuen »Hafenarbeiter«

von den alten. Langhaarige Männer und Frauen mit Jeans und Hochschulabschluss schwärmten von der Arbeit im Kollektiv und gemeinsam geführten Firmen. Die alternative Szene hatte den Hafen entdeckt.

Kreativkai

Irgendwann in den frühen Achtzigerjahren betrat auch ich zum ersten Mal das Hafengebiet. Die Redaktionsräume des Stadtblatts, unseres links-kritischen Stadtmagazins, befanden sich im Hafenweg 26 B. Neben unserem Haus stand ein Kornspeicher, und zweimal am Tag bimmelte vor dem Fenster die Hafenbahn vorbei. Zu dieser Zeit galt noch die Hafenordnung, die Unbefugten das Betreten des Hafengeländes verbot und für die Abendstunden nach 22 Uhr gar eine Sondererlaubnis verlangte. Und tatsächlich wurden wir anfangs manchmal vom Hafenmeister kontrolliert – der allerdings schnell merkte, dass all die merkwürdigen Gestalten, die abends das Hafengelände bevölkerten, einen Grund für ihre Anwesenheit hatten. Denn wie es sich für ein linkes Projekt gehörte, diskutierten und produzierten wir mit Vorliebe abends und nachts.

Und wir waren ja nicht die Einzigen. Neben uns siedelte sich eine ebenfalls kollektiv organisierte Druckerei an, dann kamen ein Öko-Verlag und ein zweites Zeitschriftenprojekt hinzu. Die Hafenromantik beschränkte sich in jenen Jahren auf den Panoramablick durch die selten geputzten Fenster und ein gelegentliches Feierabendbier am Kai. Nicht die Vorstellung, ein In-Viertel zu kreieren, sondern die extrem günstigen Preise in Innenstadtnähe lockten nach und nach immer mehr kleine Firmen in den Hafen.

Der Zeitpunkt, wann die Entwicklung eine neue Richtung nahm, ist schwer zu bestimmen. Irgendwann in den Neunzigerjahren eröffnete ganz am Anfang des Nordkais, im Kreuzungsbereich von Hafen und Kanal, ein erster gastronomischer Außenposten, der zu einem beliebten Ziel von Kanalspaziergängern wurde. Dann entstand ein erster Neubau mit Restaurant im Erdgeschoss und Künstlerateliers in den Etagen darüber. Als 1996 viele Erbpachtverträge ausliefen und die Stadtwerke als Hafenbetreiber den Baugrund neu vergeben konnten, fanden sich plötzlich Investoren, die bereit waren, repräsentative Gebäude hochzuziehen oder alte, denkmalgeschützte Lagerhäuser völlig umzubauen. Innerhalb weniger Jahre veränderte der Hafen sein Gesicht und nahm einen neuen Namen an: Kreativkai.

Wolfgang Hölker und der Coppenrath Verlag

Einer derjenigen, die die Umgestaltung des Hafens am nachhaltigsten geprägt haben, ist zweifellos Wolfgang Hölker, der Chef des Coppenrath Verlages. Wobei der gelernte Grafiker Hölker und der altehrwürdige, von Josef Heinrich Coppenrath im Jahr 1768 gegründete Literaturverlag so gut zusammenpassten wie ein Fettfleck aufs Kochbuch oder ein Schminkset zum Bilderbuch. In etwa so mögen aber Hölkers Ideen ausgesehen haben, als er 1977 den Verlag übernahm. Kein anderer Verleger in Deutschland hat das Merchandising, den Vertrieb von Produkten rund um das Buch, so konsequent vorangetrieben wie er. Mittlerweile kann man bei Coppenrath fast alles kaufen – sogar Bücher.

Wobei *ein* Buch dann doch die Initialzündung für den enormen Erfolg des Verlages gab: Die von Annette Langen geschriebenen und von Constanze Droop illustrierten Geschichten vom Hasen Felix, der seiner Besitzerin abhandenkommt und rund um die Erde reist, erschienen in mehr als zwanzig Ländern und einer Auflage von über sieben Millionen Exemplaren. Hölker beließ es nicht dabei, sondern machte Felix zu einer Marke, die auf Kuscheltieren ebenso prangte wie auf Trolleys und Trinkflaschen. Und für Mädchen gab es mit Prinzessin Lillifee bald eine eigene Traumpalette voller rosaroter Produkte.

Einen Blick auf diese Glitzerwelt kann man erhaschen, wenn man sich an den Fensterscheiben des Coppenrath-Verwaltungssitzes, einem umgebauten Kornspeicher am Kreativkai, die Nase platt drückt. Mehr als einen Blick aber auch nicht. Der Wunsch vieler Kinder, vor einem Spielzeugladen zu stehen, bleibt unerfüllt. Aus berechtigtem Anlass warnen Schilder, dass hier kein Verkauf stattfindet. Nicht mal eine Besichtigungstour durch das mehrstöckige Gebäude, die Kinderherzen höherschlagen lassen würde, ist möglich. Schließlich wird hier gearbeitet.

Hölker hat gleich zwei ehemalige Kornspeicher am Hafen gekauft und umgebaut. Das Gebäude neben seinem Verlag, Speicher II genannt, stellte er der Stadt Münster für Künstlerateliers und eine Ausstellungshalle Zeitgenössische Kunst zur Verfügung.

Inzwischen hat Hölker noch ein drittes Gebäude im Hafengebiet gekauft und saniert: die Alte Feuerwache. Und vielleicht gelingt es ihm ja auch irgendwann, seinen Wunschtraum zu realisieren, nämlich ein Kindermuseum zu schaffen, das sich an kindlichen Wünschen und Bedürfnissen orientiert.

Partymeile

Die Entwicklung hat sich in vielen Städten auf gleiche Weise vollzogen und scheint einer gewissen Gesetzmäßigkeit zu unterliegen: Verwandelt sich ein Abbruchviertel in ein In-Viertel, weil es von Künstlern und Lebenskünstlern entdeckt wird, folgt bald das große Geld.

Statt der Zwischenlösungen in heruntergekommenen Industriegebäuden und Lagerhäusern schlägt die Stunde der Luxussanierer und Investoren. Und da sich die Übergangs-mieter die neuen, teuren Mieten nicht mehr leisten können und wollen, ziehen Firmen und Gastronomiebetriebe auf der Suche nach imageträchtigen Adressen in das In-Vier-tel, das dann kein In-Viertel mehr ist, sondern längst dem Mainstream huldigt.

So geschehen am Kreativkai.

Und so beklagt von denen, die den Kreativkai im Lar-venstadium kannten und nun dem verloren gegangenen Flair nachtrauern, wenn am Wochenende bei schönem Wetter Tausende von Menschen am Hafenrand entlangziehen, um zu essen, zu trinken und zu tanzen (auf einer der letzten Brachflächen ist mit aufgeschüttetem Sand ein Beach-Club entstanden).

Auch diejenigen, die als Erste im Hafen investierten oder architektonisch für den Umbau verantwortlich waren, wünschen sich mittlerweile eine Begrenzung des Kommer-zes. Vergeblich vermutlich, in solchen Fällen tritt allein der Markt als Regler auf. Und irgendwann wird er sich sicher ein anderes Viertel suchen.

Hätte es nicht Verfahrensfehler gegeben, wären auf dem Gelände einer insolventen Holzfirma auch schon Grachten mit Luxuswohnraum entstanden. So blieb mit den Osmo-

Hallen ein Refugium der Übergangskultur erhalten. Hier finden Wochenmärkte, Sportveranstaltungen und andere Events statt. Bis zum nächsten Flächennutzungsplan.

Längst richten sich begehrliche Blicke auf die Südseite des Hafenbeckens, den noch industriell genutzten Teil des Hafens. Vorläufig verhindert ein Gefahrengutlager jegliche anderweitige Verwendung. Aber auch das ist nur eine Frage der Zeit.

Hawerkamp

Der kleinere, wildere Bruder des Kreativkais liegt ein paar Kilometer weiter südlich, hinter der Halle Münsterland und ganz in der Nähe des Stadthafens II. Auf dem Gelände der ehemaligen Betonfirma Pebüso hat sich ein ähnliches Soziotop entwickelt wie in den frühen Kreativkai-Tagen. Allerdings hat der Hawerkamp, benannt nach der Straße, die zu ihm führt, seit mittlerweile fast zwanzig Jahren jeder Versuchung widerstanden, schick zu werden. Der bunte Mix aus Künstlerateliers, kleinen Firmen und Music-Locations nutzt weiterhin die vergammelten Industriegebäude, deren Wände von unten bis oben mit Graffiti bedeckt sind. Und wenn an den Wochenenden der Techno- und Punk-Sound bis zum Morgen dröhnt, lebt niemand in Hörweite, der sich beschweren könnte.

Natürlich wurde die Hawerkamp-Szene anfangs kritisch beäugt. Konservative Politiker forderten immer mal wieder, dem Treiben ein Ende zu machen und die Industriegebäude abzureißen. Doch die Verantwortlichen bei der Stadt begriffen, dass eine solche Zwischenlösung auch ihren Reiz hat. Und dass die Szene, wenn man sie an der einen Stelle vertreibt, sich irgendwo eine neue suchen wird, die dann vielleicht weniger sozial kompatibel ist.

Inzwischen ist Münster sogar regelrecht stolz auf seine Schmuddelecke. Bei Besichtigungstouren für Kommunalpolitiker und Journalisten gehört ein Stopp am Hawerkamp zum Pflichtprogramm.

skulptur projekte

Alle zehn Jahre ist Münster eine (Kunst-)Reise wert

Ich war dabei, in jener Nacht vom 1. auf den 2. Juli 1977, als Hunderte von linken Studenten ihr (Un-)Verständnis von moderner Kunst demonstrierten. Es war eine laue Sommernacht, daran kann ich mich erinnern. In den Räumen der Mensa am Aasee stieg eine Fete: laute Musik, warmes Bier und billiger Rotwein. Und gegen Mitternacht waberte eine Parole durch die stickige Luft: Wir rollen die Kugeln in den Aasee.

Es ging um die Kugeln von Claes Oldenburg, genauer gesagt: um die drei jeweils elf Tonnen schweren und dreieinhalb Meter durchmessenden »Giant Pool Balls«, die der amerikanische Künstler im Rahmen der ersten *skulptur projekte* am Aasee aufgestellt hatte. Ursprünglich hatte Oldenburg sogar geplant, das gesamte Stadtgebiet zum Poolbillard-Feld zu machen und seine riesigen Kugeln an den unterschiedlichsten Stellen zu postieren. Aus Kostengründen wurde die Zahl der Kugeln schließlich auf drei reduziert.

Neben Oldenburg kamen acht weitere national und international bekannte Künstler zur ersten Skulpturenausstellung nach Münster und suchten bewusst die Auseinandersetzung mit den Bürgern. Joseph Beuys, Richard Serra, Ulrich Rückriem und die anderen stießen auf ein Umfeld, das ihren Arbeiten abwartend bis ablehnend gegenüberstand. Denn nicht nur die linken Studenten, auch der konservative Teil der Einwohnerschaft hatte ein Problem mit moderner Kunst. Richard Serras rostige Cortenstahlwände (»Ohne Titel«) auf dem Hindenburgplatz stachen vielen wie Splitter ins Auge. Was von den beiden Machern der ersten *skulptur projekte*, den Professoren und späteren Museumsleitern Klaus Bußmann und Kasper König, durchaus beabsichtigt war. Denn Münster hatte ein paar Jahre zuvor bewiesen, dass seine Toleranz gegenüber moderner Kunst im öffentlichen Raum gegen null tendierte. Alles, was über Kriegsdenkmäler und naturalistische Darstellungen von Berühmtheiten hinausging, wurde schlichtweg verurteilt. Bußmann und König planten also nicht mehr und nicht weniger als eine Schocktherapie, die Münster aufwecken sollte. Noch konnten sie nicht ahnen, dass sie damit die Stadt innerhalb weniger Jahrzehnte in eine Kunstmetropole verwandeln würden. Oder in das »größte begehbare Museum der Welt«, wie die BILD-Zeitung im Jahr 2007 schrieb.

Drei rotierende Quadrate Variation II

Stein des Anstoßes war im Jahr 1973 eine Skulptur von George Rickey mit dem Titel »Drei Rotierende Quadrate Variation II«. Die Kunstkommission der Stadt hatte dem Stadtrat empfohlen, das Kunstwerk anzukaufen, und dieser hatte zugestimmt. Da brach ein Sturm der Entrüstung in den Leserbriefspalten der örtlichen Zeitungen los. Hundertdreißigtausend Mark für eine Skulptur auszugeben, die so aussah wie sie hieß, schien vielen braven Bürgern (und Journalisten) reine Geldverschwendung zu sein. Selbst als eine Bank anbot, die Skulptur zu erwerben und der Stadt zu schenken, hörte die Empörung nicht auf. Das war der Moment, in dem Bußmann und König beschlossen, den Münsteranern zu zeigen, was Kunst ist. Und sie zeigten es ihnen. Mal schön, mal provozierend, mal dauerhaft und mal – wie der Name der Ausstellung schon sagt – als flüchtiges Projekt, das mit dem hunderttägigen Event sein Ende fand.

Der große Erfolg der ersten Schau – mehr außerhalb als innerhalb der Stadt und von den überregionalen Medien entsprechend gewürdigt – bestärkte die politisch Verantwortlichen und die Kuratoren darin, aus *skulptur projekte* ein regelmäßiges Ereignis zu machen. Alle zehn Jahre, stets im siebten Jahr des Jahrzehnts (zeitgleich mit jeder zweiten documenta), trifft seitdem die internationale Kunstelite auf eine immer größere Schar von Kunstinteressierten. 1997 und 2007 kamen jeweils über eine halbe Million Menschen aus allen Weltgegenden nach Münster, um sich die Arbeiten der inzwischen mehr als dreißig Künstler anzuschauen.

Wer außerhalb der 7er-Jahre nach Münster reist, muss trotzdem nicht auf Eindrücke der *skulptur projekte* verzichten. Fast fünfzig Skulpturen, Überbleibsel der bisherigen vier Ausstellungen, die von der Stadt oder Sponsoren angekauft wurden, haben einen dauerhaften Platz gefunden – und damit das Stadtbild nachhaltig verändert.

Glücklicherweise ist es auch den Studenten von 1977 nicht gelungen, Claes Oldenburgs »Giant Pool Balls« in den Aasee zu rollen. Die Betonfundamente, auf denen die

Kugeln befestigt waren, erwiesen sich als zu stabil, und schließlich beendete ein Polizeieinsatz die Aktion. Heute sind Oldenburgs Kugeln längst ein Wahrzeichen der Stadt geworden, nicht einmal die Bilderstürmer von damals können sich den Aasee ohne Kugeln vorstellen.

Allerdings war nicht allen Kunstwerken ein so positives Schicksal beschieden. Bevor die Münsteraner ihren Frieden mit der Ausstellung schlossen – nicht zuletzt aufgrund der wirtschaftlichen Nebeneffekte und des bleibenden Imagegewinns –, kam es noch zu heftigen Diskussionen.

Provokationen und Projekte

1987, während der zweiten *skulptur projekte*, war es die »Gelbe Madonna« von Katharina Fritsch, eine zitronengelbe, lebensgroße Kopie der Lourdes-Madonna in der Einkaufszone, die für Erregung sorgte. Diesmal nicht bei linken Studenten, sondern bei engagierten Katholiken, die Blasphemie witterten. Schon in der Nacht vor der Ausstellungseröffnung wurde die Madonna zum ersten Mal gestohlen. Später wurden ihr die Augen ausgekratzt, bis sich die x-te Kopie plötzlich zum religiösen Kultobjekt entwickelte und Madonnenverehrer sie täglich neu mit Blumen und Kerzen schmückten.

War für die »Gelbe Madonna« von vorneherein nur ein zeitlich begrenzter Aufenthalt vorgesehen, bestand bei Sol LeWitts Doppelskulptur »White Pyramid/Black Form, Dedicated to the Missing Jews« (ebenfalls 1987) ursprünglich die Absicht, ihr ein dauerhaftes Bleiberecht in Münster zu gewähren. Der schwarze Betonblock vor dem Schloss korrespondierte mit einer weißen Pyramide im Botanischen

Garten hinter dem Schloss, gemeinsam symbolisierten sie Tod und Leben. Die Tafel mit der Aufschrift »Dedicated to the Missing Jews« war schon nach wenigen Tagen »verschwunden«, doch auch die »Black Form« lehnten viele, darunter die im Schloss ansässige Universitätsverwaltung, als schwarzen Fleck auf der schlaunschen Fassade ab. So steht die Skulptur heute vor dem Altonaer Rathaus in Hamburg.

Gerne in Münster behalten hätten die meisten ein Kunstwerk von 1997, für das der Künstler ebenfalls die Schlossfassade als Hintergrund wählte: Nam June Paiks »32 cars for the 20th century: play Mozart's Requiem quietly«. Paiks silbern angestrichene Oldtimer aus verschiedenen Jahrzehnten des 20. Jahrhunderts, zu geometrischen Figuren angeordnet, waren *das* Bild der dritten *skulptur projekte*. Aus dem Inneren der Autos erklang Mozarts Requiem, ein Abgesang auf die Konsum- und Industriegesellschaft, das nach Anweisung des Künstlers so lange zu spielen sei, bis die Menschen sich beschwerten. In diesem Fall beschwerte sich niemand – trotzdem mussten die silbernen Autos nach einhundert Tagen wieder wegfahren.

An einem Veto scheiterte 1997 das Projekt der Istanbulerin Ayşe Erkmen, die mit Installationen am Dom neue Blickwinkel auf die alte Bischofskirche eröffnen wollte. Das wiederum gefiel dem amtierenden Bischof gar nicht. Erkmen verlegte sich deshalb auf eine aufsehenerregende Aktion mit dem Titel »Sculptures on the Air«, bei der Steinstatuen aus dem Depot des Landesmuseums an einen Hubschrauber gehängt wurden, der einige Runden über der Innenstadt drehte und die Statuen anschließend wieder auf dem Museumsdach absetzte.

2007 schließlich verstörte eine Installation von Isa Genzken auf dem Vorplatz der Überwasserkirche viele Besucher.

Genzken überließ eine Gruppe von Puppen, die es sich auf Designermöbeln bequem machten, Wind und Wetter (und dem Zerstörungswillen etlicher Passanten). Die bald demolierten Puppen erregten bei den einen Mitleid (inklusive hinterlegter Devotionalien), während andere das Ganze nur banal und überflüssig fanden.

Skulpturenufer am Aasee

Eine Entwicklung war 2007 unübersehbar: Angesichts der mit Kunstobjekten und prachtvollen Bauten gesättigten Innenstadt wich ein Großteil der Künstler in temporäre Aktionen oder in die Umgebung aus. Vor allem das Nordufer des Aasees, an dem schon frühere *skulptur projekte* bleibende Spuren hinterlassen haben, bekommt so den Charakter einer Kunstmeile.

Neben Claes Oldenburgs »Giant Pool Balls« ist hier der vierzig Meter lange, aus kalifornischem Redwood-Holz gebaute »Pier« (von 1997) des gebürtigen Kubaners Jorge Pardo zu sehen, an dessen Ende ein offener Pavillon auf einer asymmetrischen Plattform zum Verweilen einlädt. Kunst, die man auch für ein Picknick nutzen kann. Gleich gegenüber, ein wenig landeinwärts, ragt Ilya Kabakovs Skulptur »Blickst du hinauf und liest die Worte« (1997) wie eine riesige Antenne in die Höhe. Am besten kann man den vom Künstler selbst verfassten und mit dünnen Drähten geschriebenen Text auf sich einwirken lassen, wenn man genau das macht, was er vorschlägt: »Mein Lieber! Du liegst im Gras, den Kopf im Nacken, um dich herum keine Menschenseele, du hörst nur den Wind und schaust hinauf in den offenen Himmel – in das Blau dort oben, wo die Wolken ziehen –

das ist vielleicht das Schönste, was du im Leben getan und gesehen hast.«

Von Kabakovs poetischem Text ist es nicht weit bis zum »Wewerka Pavillon«, bei dem es sich nicht um ein Exponat der *skulptur projekte*, sondern der documenta 8 von 1987 handelt. In dem gläsernen Pavillon, den man lediglich umrunden, aber nicht betreten kann, sind wechselnde Ausstellungen von Studierenden der Kunstakademie Münster und auswärtigen Künstlern zu sehen.

Folgt man dem Aasee-Uferweg unter der Tormin-Brücke hindurch, stößt man bald auf eine Skulptur von Donald Judd aus dem Jahr 1977: zwei konzentrische Betonkreise, die »Ohne Titel« auskommen. Und schließlich, zwischen Freilichtmuseum Mühlenhof und Allwetterzoo, findet man eine Skulptur aus dem Jahr 2007: Guillaume Bijls »Archäologische Stätte (Eine Sorry-Installation)«. Bijl fingiert hier mit einem künstlichen Hügel eine Ausgrabungsstätte, die den Blick auf eine halb freigelegte Kirche erlaubt.

Was bleibt?

Darüber, welche Skulpturen langfristig in Münster verweilen dürfen, entscheidet der Stadtrat auf Vorschlag der Kunstkommission, vorausgesetzt, die Künstler sind einverstanden, es ist genug Geld in der Kasse oder es finden sich Sponsoren, die der Stadt die entsprechenden Kunstwerke schenken. Manchmal bleibt allerdings auch etwas unfreiwillig an seinem Ausstellungsplatz. So geschehen mit der Installation »Auto Office Haus« des Kanadiers Kim Adams. Adams ließ 1997 eine verglaste Stahltonne, an deren Dach Lenkräder, Reifen und Rasenmäher hängen, auf dem Dach einer Tankstelle an der Aegidiistraße (in der Innenstadt) landen. Das sechs Kubikmeter große Monstrum mit dem Charme eines in die Jahre gekommenen UFOs sollte nach Ausstellungsende eigentlich wieder abmontiert werden, doch Künstler und Projektleitung gerieten in einen Streit über die Transportkosten. Mittlerweile hat sich die Tankstelle zwar in ein Café verwandelt, die Installation auf dem Dach wartet allerdings immer noch auf einen Mäzen, der sie sich auf eigene Kosten in den Vorgarten stellen möchte.

Geradezu dankbar reagierten viele Münsteraner (und Besucher) auf die 2007er Projektidee von Hans-Peter Feldmann. Sehr aufwendig sanierte Feldmann die öffentlichen Toiletten auf dem Domplatz, eine bis dahin im mehrfachen Sinn unterirdische Bedürfnisanstalt. Statt schmutzig-weißer Fliesen und Uringestank erlebt man jetzt angenehme Farben, Gerüche und Klänge – als »Geschenk an die Münsteraner und als perfekte Dienstleistung für die Besucher«, wie der Künstler mitteilen ließ. Inzwischen hat die Toilettenfrau die von Feldmann vorgeschlagene Musik leicht variiert – in Richtung volkstümliche Melodien. Ansonsten ist sie aber ausgesprochen froh, dass sich ihr Arbeitsplatz in einem Kunstwerk befindet.

Trotz Empfehlung der Kunstkommission seinen Platz zunächst räumen musste ein 2007er Projekt von Silke Wagner: »münsters GESCHICHTE VON UNTEN«. Wagner konzipierte eine über drei Meter hohe Betonfigur, die den Kopf des Münsteraners Paul Wulf trägt, eines Mannes, der in der Zeit des Nationalsozialismus wegen angeblichen »Schwachsinns« zwangssterilisiert wurde und sein Leben lang für die Anerkennung des erlittenen Unrechts kämpfte. Da sich Wulf mit Mächtigen in- und außerhalb Münsters anlegte und stets als öffentliche Person verstand, hätte er sicher nichts dagegen gehabt, wie eine Litfaßsäule die Texte verschiedener sozialer Bewegungen (Häuserkampf, Anti-AKW-Bewegung usw.) zu Markte zu tragen. Denn genau das ist der zweite Teil von Silke Wagners Projekt: Gemeinsam mit dem münsterschen Umweltzentrum-Archiv hat sie Artikel aus verschiedenen alternativen Medien von den Siebzigerjahren bis heute in wechselnden Ausgaben auf den Litfaßsäulenkörper der Skulptur plakatiert.

Nicht ganz unerwartet (und wohl auch von der Künstlerin nicht ganz unbeabsichtigt) polarisierte die Skulptur in Münster. Begeisterte Zustimmung auf der linken korrespondierte mit heftiger Ablehnung auf der rechten Seite des politischen Spektrums. Im Kulturausschuss des Stadtrats votierte eine konservative Mehrheit gegen den Ankauf des Kunstwerks.

Das letzte Wort war damit allerdings nicht gesprochen. Eine Bürgerinitiative und der »Freundeskreis Paul Wulf« engagierten sich für den Erhalt der Skulptur, sammelten Spenden für deren Ankauf und suchten die Diskussion mit den Gegnern, deren Front ins Wanken geriet. Die Großspende einer Bankenstiftung machte es schließlich möglich, dass Paul Wulf doch noch Asyl in Münster fand. Im September 2010 wurde die Figur am Servatiiplatz in der Nähe der Promenade aufgestellt. Der Blick des Betonkolosses ist auf die Innenstadt gerichtet, dorthin, wo man das Rathaus vermuten kann.

Kunst in überdachten Räumen

Wer in Münster Kunst sucht, findet sie natürlich nicht nur im Freien. Auch für den Fall (der leider nicht selten eintritt), dass es mal wieder regnet, bieten sich Museen und Ausstellungsräume als Zufluchtsorte an.

Das Westfälische Landesmuseum für Kunst und Kulturgeschichte am Domplatz zeigt von frühmittelalterlichen Monumentalskulpturen und Tafelbildern über Renaissance- und Barockmalerei bis hin zu Expressionismus und Pop Art fast das gesamte Spektrum der Kunst. Innerhalb des Gebäudes präsentiert der Westfälische Kunstverein Einzelausstellungen zu Künstlern der Gegenwart. Im Jahr 2010 wurden die 1970 errichteten Anbauten, die das bereits 1908 eröffnete alte Museumsgebäude flankierten, komplett abgerissen, um Neubauten zu weichen. Bis zum Abschluss der Bauarbeiten verfügt das Museum daher nur über eine eingeschränkte Ausstellungsfläche.

Das Grafikmuseum Pablo Picasso in der Königsstraße besitzt mit über achthundert Lithografien fast das gesamte lithografische Werk des Künstlers. Ergänzt durch die »Suite Vollard«, Radierungen Picassos aus den Dreißigerjahren, sowie einer Auswahl an Werken von Matisse, Miró, Chagall und Braque, zeigt das Picasso-Museum wechselnde Ausstellungen mit thematischen Schwerpunkten.

Das Museum für Lackkunst ist in einer ehemaligen Bürgervilla an der Windthorststraße (Nähe Promenade) untergebracht und zeigt nicht nur alles, was man über Lack wissen muss, sondern auch jahrtausendealte Exponate, vor allem aus dem asiatischen Osten.

Das Stadtmuseum Münster an der Salzstraße ist hinter einer historischen Kaufhausfassade eine enge Verbindung mit verschiedenen Läden eingegangen. Konsequenterweise kann man Relikte der münsterschen Geschäftswelt auch innerhalb des Museums bestaunen, so das Café Müller im Stil der Fünfzigerjahre oder das Lebensmittelgeschäft Henke, dessen

Einrichtung aus dem Jahr 1911 bis 1989 für zahlende Kunden im Kreuzviertel offen stand. Zudem beleuchtet das Stadtmuseum verschiedene Epochen der münsterschen Geschichte.

Die Villa ten Hompel am Kaiser-Wilhelm-Ring diente von 1940 bis 1945 als Verwaltungssitz des regionalen Befehlshabers der Ordnungspolizei, einer Behörde also, die wesentlich an der Verfolgung und Ermordung von Juden, Sinti, Roma und politischen Gegnern des Nazi-Regimes beteiligt war. Zwei Dauerausstellungen zur Polizeigeschichte und »Wiedergutmachung« dokumentieren die Geschichte des Gebäudes.

Die Ausstellungshalle Zeitgenössische Kunst in einem renovierten ehemaligen Getreidespeicher am Hafen (Hafenweg) zeigt auf tausend Quadratmetern moderne Kunst internationaler und regionaler Künstler.

Etwas außerhalb der Innenstadt, gleich neben dem Allwetterzoo an der Sentruper Straße, befindet sich das Naturkundemuseum, das für Dinosaurier- wie Indianerfreunde gleichermaßen interessant ist. Die größte Attraktion des Naturkundemuseums stellt aber zweifellos das Planetarium dar, in dessen bequemen Sesseln man eine Reise durchs Universum antreten kann. Seit seinem Umbau 2010 verfügt das Planetarium über die europaweit beste Projektionstechnik.

Schließlich und endlich und nicht weit vom Naturkundemuseum entfernt, allerdings schon wieder im Freien, versammelt das Freilichtmuseum Mühlenhof rund dreißig historische Gebäude, die einen Eindruck vom bäuerlichen Leben vergangener Jahrhunderte vermitteln. Neben einer Bockwindmühle von 1748 stehen ein Mühlenhaus (Müllerhaus) von 1619 und ein Gräftenhof von 1720, die wie alle anderen Gebäude an ihrem ursprünglichen Standort abgebaut und hier wieder zusammengesetzt wurden.

Der schwarze Schwan und das Tretboot

Tiere in Münster

Im Sommer 2006 ging eine Liebesgeschichte aus Münster um die Welt: Ein schwarzer Trauerschwan hatte sich in ein weißes, schwanenförmiges Tretboot auf dem Aasee verknallt und wich ihm nicht mehr von der Seite. Trauerschwäne neigen, wie man erfuhr, zur Monogamie. Kenner vermuteten daher, dass die emotional sehr einseitige Beziehung von längerer Dauer sein würde. Jedenfalls wachte Peter (so wurde der lebende Schwan getauft) sehr eifersüchtig über das zehnmal größere, geliebte Plastikwesen. Sobald sich jemand dem Tretboot näherte, um damit auf dem Aasee herumzufahren, zeigte Peter Drohgebärden.

Kein Wunder, dass sich das ungleiche Paar schnell zur Attraktion entwickelte. Und nachdem ein Artikel der Deutschen Presse-Agentur die Amour fou ans Licht der Öffentlichkeit gezerrt hatte, war medial kein Halten mehr. Journalisten und Kamerateams strömten pulkweise an den Aasee, landauf und landab berichteten Zeitungen und Fernsehsender – bis hin zu den USA und Japan – über die unglückliche Liebe.

Im November 2006 wurde die Beziehung dann auf eine ernste Probe gestellt. Das Tretboot musste vom Aasee genommen werden, um Frostschäden während des Winters zu vermeiden. In mehreren Etappen lockte der Zoodirektor Jörg Adler (!) den Trauerschwan mitsamt Tretboot zum Allwetterzoo, der über einen Kanal mit dem Aasee verbunden ist. Am 9. November, als Schwan und Boot ihr Winterquartier in einem Tümpel auf dem Zoogelände bezogen, waren nicht weniger als dreiundzwanzig Medienvertreter anwesend. Denen Jörg Adler gleich noch eine weitere Sensation enthüllte: Peter war gar nicht männlich. Die DNA-Analyse einer Feder hatte den Schwan als Weibchen entlarvt, das von da an konsequenterweise Petra genannt wurde.

Auch im Sommer 2007 blieb Petra in der Nähe des Tretboots, doch im darauffolgenden Winter – wohl wegen der nicht zu erweichenden Sturheit des Plastikschwans – schnäbelte Petra im Zooteich ungeniert mit einem Paul genannten Höckerschwan herum. Paul hatte es jedoch nur auf eine kurze Affäre abgesehen, im März 2008 ließ er Petra sitzen und wechselte in einen anderen Teich.

Vermutlich war das alles zu viel für Petra. Seit 2009 wurde sie nicht mehr auf dem Aasee gesehen. Immer wieder auftauchende Meldungen, Augenzeugen hätten sie in diesem oder jenem Gewässer entdeckt, ließen sich nie bestätigen.

Neben den Verkäufern von Petra-Souvenirartikeln (Schneekugeln, T-Shirts) und Petra-Büchern (»Alles Liebe, schwarzer Schwan!«) hat die Geschichte noch einen weiteren Gewinner: den Allwetterzoo. Die Überführung des Schwans in den Zoo, von Direktor Adler wie ein Schauspiel inszeniert, brachte jede Menge zusätzlicher Besucher. Über eine Million Menschen lösten 2006 ein Ticket, so viel wie seit der Neueröffnung des Zoos im Jahr 1974 nicht mehr. Adler erwies sich damit als würdiger Nachfolger des Zoogründers Professor Hermann Landois.

Denn Landois war ein begnadeter Marketing-Guru und PR-Experte, obwohl zu seiner Zeit noch niemand wusste, was das war.

Professor Hermann Landois

Hermann Landois gilt den einen als münstersches Original und den anderen als anerkannter Naturwissenschaftler. Was nur die Breite des Spektrums an Tätigkeiten und Charaktereigenschaften belegt, die Landois unter einen Hut brachte. Wobei der Hut, ein hoher schwarzer Zylinder, den er in der Öffentlichkeit fast nie absetzte, eines seiner Markenzeichen darstellte.

1835 in Münster geboren, war Hermann Landois vieles: ordinierter Priester, Lehrer am Gymnasium Paulinum in Münster, Professor für Zoologie an der Akademie der Wissenschaften in Münster, Direktor des Westfälischen Zoologischen Gartens und des Naturkundemuseums in Münster, Verfasser von über tausend naturwissenschaftlichen Publikationen und eines renommierten »Lehrbuch der Zoologie«. Und außerdem berüchtigt für seine derben Späße. Zusammen mit seinem Onkel, dem Kupferschmied Franz Essink, und dem als »Toller Bomberg« bekannten Gisbert Freiherr von Romberg machte Landois die münstersche Kneipenszene unsicher. Mehr als einmal endete ein Saufabend der drei mit zerschlagenem Mobiliar und einer Nacht in der Ausnüchterungszelle.

Fraglos gehörte sein Lebenswandel zu den Gründen, die die Kirche dazu veranlassten, Landois 1876 als Priester zu suspendieren. Eine Rolle mag aber auch gespielt haben, dass der Zoologieprofessor politisch liberal gesinnt und ein Anhänger der Evolutionslehre von Charles Darwin war. Gerächt hat sich Landois auf seine Art: Neben zahlreichen Gedichten und Schwänken in Mundart verfasste er auch den autobiografisch inspirierten Roman »Frans Essink«, in dem er unter dem Deckmantel von Spott und Ironie heftige Kritik am kirchlichen Establishment übte.

Seiner akademischen Karriere allerdings schadeten weder die Sauftouren noch die Probleme mit der Kirche. Bei den Studenten war Landois wegen seines Humors beliebt, zu Vorträgen erschien er oft mit dem Skelett eines erwachsenen Gorillas.

Schon bald nach seiner Ernennung zum Professor setzte sich Landois auch für die Schaffung eines Zoos in Münster ein. Aus dem Westfälischen Verein für Vogelschutz, Geflügel- und Singvögelzucht, den er 1871 zusammen mit anderen gründete, entwickelte sich der Zooverein. Zwei Jahre später veröffentliche Landois seinen »Aufruf zur Errichtung eines Westfälischen Zoologischen Gartens zu Münster«, dem er eigene Taten folgen ließ. So erwarb er ein sechs Hektar großes Gelände an der Aa, südwestlich der Altstadt gelegen. Finanziert wurden die ersten Einrichtungen durch Aktien, die Landois zu zehn Talern das Stück ausgab und die einen Gesamtbetrag von dreißigtausend Talern einbrachten.

Am 26. Juni 1875 war es schließlich so weit: Der Zoologische Garten, der erste Tierpark Westfalens, konnte eröffnet werden. Als Zoodirektor kam natürlich kein anderer als Landois selbst infrage, der dieses Amt bis zu seinem Tod im Jahr 1905 ausübte. Kreativ wie er war, ersann er stets neue Möglichkeiten, dem Zoo Einnahmen zuzuführen. Die von ihm gegründete Abendgesellschaft Zoologischer Garten führte plattdeutsche Possen auf (selbstverständlich von Landois geschrieben), bei denen alle Frauenrollen von Männern gespielt wurden. Zur weiteren Erheiterung durften die Schauspieler auf der Bühne Schnaps trinken, während man dem Publikum angebliche Bärentatzen servierte.

Landois' Marketingstrategien kannten allerdings auch keine Scham- oder Geschmacksgrenzen. Mal veranstaltete der Zoodirektor blutige Wettkämpfe zwischen Ratten und kleinen Hunden, dann führte er bei sogenannten »Nubier-Vorstellungen« Gruppen von Afrikanern dem gaffenden Publikum vor. Ein besonderer Clou gelang ihm mit Nachbildungen der an der Lambertikirche hängenden Wiedertäuferkörbe. Dreist behauptete Landois, seine im Zoo ausgestellten Körbe, in die er Puppen in Gestalt der Täuferführer gesteckt hatte, seien die echten. Eine Lüge, die bis heute Wirkung zeigt. Denn noch immer hält mancher Münsteraner die im Stadtmuseum zu sehenden Landois-Körbe für die Originale.

Ob politisch unkorrekt oder nicht, Landois' Tricks ließen den Tierbestand des Zoos schnell wachsen. Nach dem im orientalischen Stil gebauten Elefantenhaus, das zum Wahrzeichen des Zoos wurde, kamen ein Affenhaus, ein Bärenkäfig, ein Wolfsbau, ein Saupark und ein Rentiergehege hinzu. Da das Publikum vor allem Tiere aus anderen Weltgegenden sehen wollte, baute Landois 1896 das Vogel-Warmhaus in Käfige für Löwen und andere Großkatzen um. Ein paar Jahre später stellte er mit dem Oberwärter Wenzel Beer ein wahres Showtalent ein. Beer trat gelegentlich als Raubtierdompteur auf und brachte der Elefantenkuh August das Spielen von Mundharmonika und Drehorgel bei.

Einen kleinen Eindruck vom bizarren Lebensstil des Zoo-gründers vermittelt sein Alterssitz, den Landois am Nordein-gang des Zoos (in der Nähe der Hüfferstraße) errichten ließ. Die Tuckesburg (heute in Privatbesitz) ist eine mittelalterlich anmutende kleine Burg mit Turm und Zinnen. Hier wohnte der Professor zusammen mit seiner Nichte und Haushälte-rin Helene Pollack und einem ausgestopften Affen namens Lehmann. Der Legende zufolge hatte Landois dem Affen so lange Bier zu trinken gegeben, bis dieser an einer Säuferle-ber gestorben war.

Auch um seinen Nachruhm kümmerte sich der Zoo-direktor noch zu Lebzeiten. Auf eigene Kosten stellte er vor der Tuckesburg ein Denkmal von sich auf und hielt bei der feierlichen Enthüllung selbstverständlich selbst die Lob-rede. Heute ist das Landois-Denkmal auf dem Gelände des Allwetterzoos zu sehen. Unverkennbar die Selbstironie, zu der sein Stifter neigte. Beispielsweise verbirgt sich im Zylin-der ein Vogelnistkasten, den Landois damit begründete, dass das Denkmal »zu etwas nütze« sein solle. Und ein auf den Sockel graviertes plattdeutsches Gedicht (natürlich von Lan-dois) endet mit den Zeilen: »Un well't von vüörn nicht lie-den kann / Magt Achterdeel betrachten.« Auf Hochdeutsch: »Und wer mich von vorn nicht leiden kann / Möge meinen Hintern betrachten.«

Noch heute verbindet Professor Landois das alte Zooge-lände an der Promenade mit dem neuen, weitaus größeren Zoo an der Sentruper Straße. Zumindest im Sommer und wenn man den Wasserweg über den Aasee wählt. Des Rät-sels Lösung: Professor Landois ist der Name des Wasserbus-ses, der von Frühling bis Herbst mehrmals täglich von den Aaseeterrassen zum Allwetterzoo und wieder zurück schip-pert.

Allwetterzoo

In den Sechzigerjahren stieß der alte Zoo an seine Grenzen. Eine Ausweitung des Geländes, um zusätzliche Tiergehege zu schaffen, scheiterte an der Innenstadtlage. Auch entstand langsam ein öffentliches Bewusstsein von artgerechter Tierhaltung, die mit den viel zu engen Käfigen an der Himmelreichallee nicht zu vereinbaren war. Da traf es sich, dass eine Bank, die einen Standort für ihr neues Verwaltungsgebäude suchte, begehrliche Blicke auf das Zoogrundstück warf. Die Gelegenheit zur Verlegung des Zoos war gekommen.

Im Zuge der Erweiterung des Aasees auf die doppelte Fläche entschloss sich die Stadt Münster, ein neues Naherholungsgebiet zu schaffen, das auch für Besucher aus der Region interessant sein sollte. Neben dem Freilichtmuseum Mühlenhof und dem Naturkundemuseum siedelte man als dritte Attraktion den neuen Zoo im Bereich zwischen Aasee und Sentruper Straße an. Mit dreißig Hektar verfügt das neue Zoogelände über das Fünffache der alten Grundfläche und Allwetterzoo heißt er deshalb, weil man alle größeren Tierhäuser auf überdachten Wegen erreichen kann, ein Zoobesuch also auch bei regnerischem Wetter kein Grund für schlechte Laune sein muss.

Silvester 1973 schloss der alte Zoologische Garten endgültig seine Pforten, im Mai 1974 eröffnete dann der neue Zoo, ein paar Monate später kam ein Delfinarium hinzu. Bundesweit bekannt wurde der münstersche Zoo durch die ARD-Serie »Pinguin, Löwe & Co.«, für die hundert Folgen gedreht wurden. Besondere Attraktionen – falls sich gerade kein Trauerschwan in ein Tretboot verliebt – sind das Africaneum für Gorillas, Schimpansen und afrikanische Schweine; die ZoORANGerie im Dschungelstil, die

Orang-Utans und Zwergottern beherbergt; eine Tropen-
halle mit einer Herde Asiatischer Elefanten; die Nashorn-
halle, in der nicht nur Nashörner, sondern auch Erdmänn-
chen zu sehen sind, sowie ein zweigeschossiges Aquarium,
in dem neben Fischen auch Insekten, Amphibien und Rep-
tilien auf Besucher warten.

Wer Tiere hautnah erleben will, kann die Elefanten füt-
tern, in einer begehbaren Affenanlage Kontakt mit Kattas
und Guerezas aufnehmen, seine Kinder in den Streichelzoo
schicken oder sich in der Watvogelanlage in einem Strand-
korb ausruhen, umgeben von Säbelschnäblern, Kampfläu-
fern und Rotschenkeln.

Alle Tiere wird man bei einem Zoobesuch vermutlich
nicht entdecken. Denn das sind, laut Statistik, dreitausend
Tiere, die dreihundert verschiedenen Arten angehören. Und
wer nicht nur gucken, sondern auch etwas lernen will, für
den gibt es im Eingangsbereich die BioCity mit informati-
ven Ausstellungen und einer Forscherwerkstatt.

Pferde

Nicht unterschlagen will ich eine Einrichtung, die den Allwetterzoo von anderen Tierparks unterscheidet: das Pferdemuseum. Genauer gesagt: das Westfälische Pferdemuseum,
das sich der Natur- und Kulturgeschichte des Pferdes in
Westfalen widmet.

Nun sind Pferde zwar auch die liebsten Haustiere vieler Münsteraner (zweitausend Vierbeiner sollen allein im
Stadtgebiet leben), noch mehr Pferdevernarrtheit trifft man
jedoch im Münsterland an. Über tausend Pferdehöfe, Pfer-
desportzentren und Olympiastützpunkte sprechen dafür, dass

die Münsterländer das Glück der Erde mit Vorliebe auf dem Rücken ihrer Pferde suchen. Deshalb komme ich an späterer Stelle, wenn es in diesem Buch um das Münsterland geht, noch einmal auf das Thema zurück.

Wilsberg, Tatort und die Statistik

Fiktive und wahre Mordfälle

Wenn man an einem hellen Sommertag durch Münster schlendert, fällt es schwer, sich klarzumachen, dass man gerade eine Kapitale des Verbrechens besichtigt. (Aber auch bei Regen und im November ist das nicht leicht.) Und doch: In Münster wird mehr gemordet als in allen anderen vergleichbaren Städten Deutschlands. Zum Glück fast ausschließlich fiktiv. Zwei Krimireihen zur besten Sendezeit am Samstag- und Sonntagabend zeigen seit Jahren in ARD und ZDF die Schattenseiten der Bischofsstadt. Und ein großer Internet-Buchhändler hat ein eigenes Subgenre »Münster-Krimi« kreiert, in dem mehr als hundert Titel von rund zwanzig Autoren gelistet werden. Krimis aus Münster boomen. Aber warum? Vielleicht weil Verbrechen in einer scheinbar heilen Welt noch spannender sind als dort, wo man sie ohnehin vermutet? Vielleicht weil es beruhigend ist, zu erfahren, dass auch die Schönen, Reichen und Gebildeten nicht besser sind als der Rest der Welt? Vielleicht weil es mehr Spaß macht, verlogene Moral und geheuchelte Ideale gerade in einem Milieu biederer Wohlanständigkeit zu entlarven?

Befriedigende Antworten kann nicht mal ein Krimiautor wie ich liefern. Möglicherweise ist der Grund viel simpler, als Soziologen und Medienwissenschaftler sich vorzustellen vermögen. Könnte doch sein, dass die Atmosphäre Münsters und des Münsterlandes so faszinierend ist, dass sie Fernsehzuschauer und Krimileser im ganzen Land fesselt.

Wie auch immer, ganz schuldlos bin ich an dem Münsterkrimi-Hype nicht.

Wilsberg

Im Jahr 1990, als die Welt den Marketingbegriff Regionalkrimi noch nicht kannte, erschien mein erster Wilsberg-Roman »Und die Toten lässt man ruhen«. In den nächsten Jahren folgten weitere, inzwischen sind knapp zwanzig Wilsberg-Romane veröffentlicht und mehr als dreißig Wilsberg-Filme gesendet worden. Wilsberg war sozusagen der Begründer der Münster-Krimis.

Dabei zweifelte ich am Anfang lange, ob Münster als Handlungsort für Kriminalromane überhaupt taugen würde. Die Dom- und Universitätsstadt erschien mir zu friedlich, die reale Mordrate zu unspektakulär, um hier glaubhaft eine Verbrechensserie anzusiedeln. Bandenkriege, brutale Auseinandersetzungen im Rotlichtmilieu, Serienkiller und Mafiamorde passten zu Berlin, Hamburg oder Frankfurt, aber doch nicht zu Münster.

Ich musste mich schon weit von meiner Wahlheimat entfernen (bis an das Ufer des Toten Meers in Israel), als mir die zündende Idee kam. Plötzlich sah ich Georg Wilsberg vor mir, Privatdetektiv und Ladenbesitzer, lakonisch und stur, weder besonders genial noch hartgesotten, stattdessen mit einem gehörigen Schuss Ironie die Welt und seine Fälle kommentierend. Fast könnte man Wilsberg als gescheiterte Existenz bezeichnen, obwohl er den Gedanken weit von sich weisen würde. Dass er oft Pech mit Frauen hat und seine Karriere nach frühem Stolpern irgendwann endgültig zum Stillstand kam, macht ihn nicht dauerhaft unglücklich. Er hat sich arrangiert mit seinem Leben. Und mit Münster.

Wilsbergs Biografie ist nicht untypisch für viele seiner (und meiner) Generation. Zum Studium nach Münster gekommen, hat er sich in der Stadt eingelebt und ist hängen geblieben. Eigentlich hätte er auch einen ganz passablen Rechtsanwalt abgeben können, nach erfolgreich abgeschlossenem Jurastudium und bestandenem Examen reichte es jedenfalls zur Eröffnung einer Rechtsanwaltspraxis. Doch dann liefen die Geschäfte nicht so wie erhofft, und der unkorrekte Umgang mit den Geldern eines Mandanten endete fatal. Wilsberg verlor seine Lizenz und musste sich etwas Neues suchen. Da ihn Kriminalität weiterhin interessierte, schulte er kurzerhand zum Privatdetektiv um. Allerdings misstraute er seinen Fähigkeiten (genauso wie sein Autor), deshalb legte er sich noch einen kleinen Briefmarken- und Münzladen zu. Als Sicherheit für alle Fälle und mit einem Studenten als Aushilfskraft.

1995 wurde »Und die Toten lässt man ruhen« vom ZDF verfilmt – mit Joachim Król in der Wilsberg-Rolle. 1998 übernahm dann Leonard Lansink den Job und spielt den häufig knurrigen und manchmal charmanten Privatdetektiv bis heute. Im Laufe der Zeit haben sich der Roman- und der Fernseh-Wilsberg allerdings ein wenig auseinandergelebt. Während der Roman-Wilsberg irgendwann heiratete, Vater wurde und trotz Scheidung eine gute Beziehung zu seiner Tochter behielt, blieb der Fernseh-Wilsberg stets solo. Verliebt er sich trotzdem mal, dürfen die Geschichten nie glücklich enden. Und auch sonst ist in den Fernsehfilmen einiges anders als in den Romanen. Aus dem Briefmarken- und Münzladen wurde ein Antiquariat, der Kommissar, mit dem sich Wilsberg in den Romanen streitet, verwandelte sich in eine Kommissarin (Rita Russek) und Manni (Heinrich Schafmeister) oder Ekki (Oliver Korittke), die in den Filmen Wilsberg ihre Autos leihen (müssen), gibt es in den Romanen überhaupt nicht. Der Roman-Wilsberg darf sogar noch rauchen, was sich der Fernseh-Wilsberg seit dem dritten Film abgewöhnt hat.

Von diesen kleinen Unterschieden abgesehen, ist Leonard Lansink die ideale Besetzung für Georg Wilsberg. Lansink spielt den münsterschen Privatdetektiv, als ob die Rolle für ihn erfunden worden wäre. Ohnehin begrüßen ihn die Münsteraner schon lange mit »Herr Wilsberg«, wenn sie ihm auf der Straße begegnen. Was gar nicht so selten der Fall ist, da der Schauspieler sich für verschiedene soziale Initiativen in Münster engagiert.

Fast schon ein fester Termin im jährlichen Event-Kalender ist das Promikellnern, bei dem Lansink zusammen mit vielen anderen Prominenten zugunsten der Krebsberatungsstelle kellnert. Immer an einem Sonntagnachmittag im Sommer und auf einem öffentlichen Platz, bevor dann am Abend ein noch ungesendeter Wilsberg-Film auf großer Leinwand gezeigt wird.

Der Erfolg der Wilsberg-Filme inspirierte die ARD, ein eigenes »Tatort«-Team nach Münster zu schicken. Seit 2002 ermitteln der Rechtsmediziner Professor Karl Friedrich

Boerne, gespielt von Jan Josef Liefers, und Hauptkommissar Frank Thiel (Axel Prahl) zwischen Prinzipalmarkt und Aasee. Ähnlich wie bei Wilsberg sind auch die Münster-Tatort-Fälle mit einem gehörigen Schuss Humor erzählt. Statt soziale Problematiken auszuloten, wie die meisten anderen »Tatorte«, trägt das Dauerduell zwischen Thiel und Boerne die Handlung mehr als der eigentliche Ermittlungsgrund.

Für beide Reihen zusammen werden pro Jahr fünf bis sechs Fernsehfilme in Münster gedreht. Wobei alle Schauspieler übereinstimmend bedauern, dass aus Kostengründen jeweils nur wenige Drehtage tatsächlich auf die Münsterland-Metropole entfallen. Alle Innenaufnahmen und auch ein Teil der Außenaufnahmen – bei denen dann Fahrradfahrer im Hintergrund kreuzen, um »Münster-Feeling« zu erzeugen – verlegen die Produktionsfirmen nach Köln und Umgebung.

Für alle, die mal sehen wollen, wo Georg Wilsberg und Kommissarin Springer arbeiten, jedoch nicht das Glück haben, während eines Münster-Besuchs zufällig einer Filmcrew über den Weg zu laufen, bietet das Unternehmen StattReisen einen kommentierten Rundgang zu den Wilsberg-Schauplätzen an: »Auf Wilsbergs Spuren« führt vom Antiquariat zum »Polizeipräsidium« und zu einigen anderen Drehorten.

Wahre Mordfälle

Mit einem gewissen Neid kommentiert der echte Polizeipräsident Hubert Wimber das Treiben der Roman- und Fernsehfiguren: »Ein oder zwei Ermittlerinnen und Ermittler schaffen ... mit Unterstützung eines zweifelhaften Privatdetektivs auf einer überschaubaren Anzahl von Buchseiten oder aber an Samstagabenden in neunzig Minuten das, wofür meine Beamtinnen und meine Beamten oft Monate, manchmal sogar Jahre brauchen.«

Wimbers Behörde, das Polizeipräsidium Münster, ist für Kapitaldelikte nicht nur in Münster, sondern im gesamten Münsterland zuständig. Etwa zehn Mal im Jahr rückt die reale Mordkommission aus, wenn es um Fälle von Mord oder Totschlag geht. Und eine Mordkommission kann, je nach Komplexität der Ermittlungen, auch schon mal aus vierzig oder mehr Polizisten bestehen.

Ausländischen Polizeibesuchern der Deutschen Hochschule der Polizei in Münster-Hiltrup, vor denen Wimber referiert, müssen solche Zahlen wie die Umschreibung paradiesischer Zustände vorkommen. Der Polizeipräsident berichtet, dass oft erstaunt nachgefragt werde: »Zehn Mordkommissionen pro Tag? Oder pro Woche?«

Für die zehn mehr oder weniger offensichtlichen Mordfälle *pro Jahr* und eine weitaus größere Zahl von unklaren Todesfällen ist in Münster neben Polizei und Staatsanwaltschaft auch das Institut für Rechtsmedizin zuständig (dessen Räume ein wenig anders aussehen als der Arbeitsplatz von Professor Boerne). Mit wissenschaftlichen Methoden versuchen die Rechtsmediziner, zur Aufklärung von Todesursachen und Ermittlung der Täter beizutragen. Dabei reicht der Einzugsbereich des Instituts noch weiter als der des Polizeipräsidiums, nämlich bis hinein ins Sauerland und nach Südwestfalen.

Glaubt man der übereinstimmenden Auffassung vieler Rechtsmediziner, ist die offizielle Kriminalitätsstatistik mit Vorsicht zu genießen. Viele Morde, vor allem an alten und kranken Menschen, würden schlicht übersehen, sagen die Forensiker und schätzen, dass die reale Zahl doppelt so hoch liegt wie die amtliche. Und noch etwas anderes verwundert die Insider: Je weiter vom nächsten rechtsmedizinischen Institut entfernt sich ein Todesfall ereignet, desto geringer ist die Bereitschaft der Behörden, etwaige Unklarheiten durch eine Obduktion zu beseitigen. Manchen Mördern kommt so die Gnade der weiten Entfernung zugute.

Auf der anderen Seite hat die Weiterentwicklung der DNA-Analyse, durch die plötzlich auch geringste Mengen menschlichen Genmaterials untersucht werden können, zur Aufklärung manches alten Mordfalls geführt. So reicht mittlerweile eine angeleckte Briefmarke auf einem archivierten Brief, um noch nach zwanzig Jahren zweifelsfrei die Identität des Absenders zu bestimmen.

Einer der spektakulärsten Mordfälle des 20. Jahrhunderts, der Münster und die ganze Bundesrepublik seinerzeit in helle Aufregung versetzte, ist allerdings bis heute nicht aufgeklärt: der Fall Rohrbach.

Der Fall Rohrbach

Ein Justizskandal der Fünfzigerjahre

Am 12. April 1957 entdeckten spielende Kinder an den Ufern der Aa und des Aasees zwei Pakete, die dort angeschwemmt worden waren. Ihr grausiger Inhalt: Männliche Leichenteile. Ein Lederriemen mit eingeritztem Namen, der zum Verschnüren eines der Pakete gedient hatte, führte die Polizei geradewegs zur Adresse des mutmaßlichen Opfers: Hermann Rohrbach wohnte in der Kerßenbrockstraße in Münster. Seine Frau, Maria Rohrbach, erklärte, Hermann habe ein paar Tage irgendwo arbeiten wollen, deshalb habe sie ihn noch nicht vermisst. Etwas anderes fiel den Beamten sofort auf: Maria Rohrbach brach weder weinend zusammen noch stellte sie Fragen nach dem Wie und Warum. Mussten sie daher nicht annehmen, dass die Frau ihren Ehemann selbst ermordet hatte?

Der Lebenswandel der Verdächtigen sprach für diese erste und im Laufe der Ermittlungen einzige These. Dass Maria Rohrbach offen zugab, ein Verhältnis mit dem englischen

Sergeant Donald R., einem in Münster stationierten Soldaten, zu haben, war ein für die Fünfzigerjahre im katholischen Münster unerhörter Vorgang. Ihre Schutzbehauptung, Hermann habe von der außerehelichen Beziehung gewusst und sie sogar toleriert, ließen die verhörenden Kriminalbeamten nicht gelten. Zumal sich die Nachbarinnen der Rohrbach mit sachdienlichen Hinweisen überboten. Eine sagte aus, dass Maria ihren Mann oft geschlagen und einmal mit einem heißen Bügeleisen das Gesäß verbrannt habe. Eine andere wollte ebenfalls gesehen haben, wie Maria brutal auf ihren Mann eingehauen habe. Am meisten beeindruckte die Beamten jedoch die Gefühlskälte der Verdächtigen. Einer der Ermittler sagte später vor Gericht: »Diese Frau erschien genügend gefühlsroh, um als Täterin infrage zu kommen.«

Dass Maria Rohrbach hartnäckig leugnete, eine Mörderin zu sein, wertete man nur als Indiz für ihre Verstocktheit. Auch nahm man ihr übel, dass sie, wenn sie schon nicht die Täterin sein wollte, keinen adäquaten Ersatz liefern konnte: »Sie hat sich in keiner Weise intensiv bemüht, der Polizei Hinweise zu geben.«

Allerdings hätte es durchaus Ansatzpunkte für die Polizei gegeben, in andere Richtungen zu ermitteln. Vieles sprach dafür, dass die Ehe der zur Tatzeit Achtundzwanzigjährigen mit dem sechzehn Jahre älteren Anstreicher Hermann Rohrbach nichts anderes als eine Zweckgemeinschaft gewesen war. Der von Bekannten als »gutmütiger Trottel« beschriebene Hermann lieferte brav seinen Arbeitslohn ab und ertrug ihre Demütigungen stoisch. Wohl auch deshalb, weil er offenbar gar nicht an ihr interessiert war, sondern homosexuellen Neigungen nachging. Maria verwies sogar darauf, dass drei Wochen vor Hermanns Tod sein Freund Erich Böhle ohne Kopf aus dem Kanal gefischt worden war.

Die Polizei hatte den Tod Böhles aber bereits als Badeunfall abgehakt und forschte nicht im homosexuellen Umfeld der beiden Freunde. Dabei hätte es die Beamten stutzig machen können, dass auch Hermann Rohrbachs Kopf immer noch fehlte.

Gefällige Gutachter

Obwohl für Kriminalpolizei und Staatsanwaltschaft Maria Rohrbach als Täterin von vorneherein feststand, mangelte es doch an etwas Wichtigem: Beweise. Niemand hatte die Verdächtige mit den Paketen zum Aasee fahren sehen. Auch entdeckte man in der Wohnung keine Belege für die blutige Zerstückelungsaktion – oder gar den Rest von Rohrbachs Körper. Die Staatsanwaltschaft beauftragte zwei Gerichtsmediziner der Universität Münster, die sich nach Kräften mühten, zumindest Sekundärbeweise zu finden. So führten sie eine Blutspur hinter der rohrbachschen Couch auf eine »Körperblutung« des Anstreichers zurück und nicht – wie die Verdächtige behauptete – auf sein Nasenbluten, da die »für Nasenbluten typischen Schleimhautzellen« fehlten.

Der Staatsanwaltschaft war klar, dass das für eine Verurteilung nicht ausreichen würde. Vor allem brauchte sie eine Erklärung für den vermissten Kopf. Ins Blickfeld der Ermittler geriet der Kohleofen in der kleinen Zweizimmerwohnung. Man entschloss sich, einen weiteren Experten hinzuzuziehen, den Leiter der kriminaltechnischen Abteilung des Bayerischen Landeskriminalamtes, Professor Specht. In den Rußproben aus dem rohrbachschen Ofenrohr stellte Professor Specht »flammenphotometrisch«, »spektralanalytisch« und »mit Hilfe von Ultraschallmessungen« fest, »dass im Küchenherd (…) zumindest versucht worden ist, den Schädel Hermann Rohrbachs zu verbrennen«.

Quasi als Zugabe lieferte Specht noch eine Giftmord-theorie. Thalliumsulfat, das er ebenfalls im Ruß entdeckt hatte, führte er auf eine schleichende Thalliumvergiftung des Anstreichers zurück. Specht vermutete, dass das Thalliumsulfat in dem Rattengift Celiopaste enthalten gewesen sei, das dem Ermordeten mit dem »Giftvehikel« Malven-blütentee eingeflößt wurde. Malvenblütentee deshalb, weil seine tiefblau-violette Farbe der intensiven Schutzfarbe der Celiopaste ähnelte.

Trotz der kleinen Schönheitsfehler, dass sich im rohrbach-schen Haushalt weder Celiopaste noch Malvenblütentee fanden, man auch nicht belegen konnte, dass Maria Rohrbach irgendwo das (unterschriftspflichtige) Rattengift Celiopaste gekauft hatte, erhob die Staatsanwaltschaft Anklage.

Der erste Prozess

Höhepunkt des Prozesses, der im März 1958 vor dem Schwur-gericht Münster begann, war dann tatsächlich der Auftritt von Professor Specht. Besonders eindrucksvoll seine Demons-tration mit zwei Gläsern Malvenblütentee und der rheto-rischen Frage an das Gericht: »In welchem Glas ist zusätz-lich die thalliumreiche Celiopaste?« Sosehr sich Richter und Prozessbeobachter auch bemühten, sie vermochten es nicht festzustellen.

Mit einem Zusatzgutachten schloss Specht auch noch eine letzte Beweislücke, die Blutspuren unter den Wohn-zimmerdielen betreffend: »Wir können mit Sicherheit sagen, dass die Blutspuren von einem Thallium-Vergifteten stam-

men, bei dem es sich aufgrund anderer festgestellter Spurenelemente (…) um einen Maler oder Anstreicher handelt.«

Am 18. April 1958 wurde Maria Rohrbach zu lebenslan-
gem Zuchthaus verurteilt. Bis zuletzt hatte sie ihre Unschuld
beteuert. In seiner Urteilsbegründung betonte Landgerichts-
direktor Heukamp, die Angeklagte sei »nervlich, psychisch
und physisch der Tat gewachsen« gewesen. Auch sei die Art
der Tötung, »besonders die Zerstückelung und die primi-
tive Art der Ablegung der Leichenteile« für eine Frau cha-
rakteristisch.

Im September des darauffolgenden Jahres, nach einem
trockenen Sommer, wurde der vollkommen unverbrannte
Kopf Hermann Rohrbachs in einem normalerweise mit
Wasser gefüllten Bombentrichter aus dem Zweiten Weltkrieg gefunden.

Es dauerte noch ein weiteres Jahr, bis Rohrbachs Anwalt
Dr. Gross die Wiederaufnahme des Verfahrens beantragen
konnte. In der Zwischenzeit hatte er zusätzliche Gutachten
eingeholt, die belegten, dass es sich bei dem von Professor
Specht im rohrbachschen Ofenrohr festgestellten Thallium-
sulfatgehalt um eine völlig normale Konzentration handelte.
Hundert Rußproben aus münsterschen Häusern hatten zum
Teil erheblich größere Mengen Thallium enthalten. Auch
das Rätsel um das bei Biologen total unbekannte »charakte-
ristische Malerblut«, das sich laut Specht unter den Boden-
dielen befunden hatte, konnte gelöst werden: Die Kriminalbeamten hatten zusammen mit dem angetrockneten Blut
etwas Holzfarbe abgekratzt – und die enthielt logischerweise
die mysteriösen Spurenelemente.

Professor Specht verteidigte sich damit, dass er nie behauptet habe, Hermann Rohrbachs Kopf sei verbrannt worden. Auch seien wichtige Teiluntersuchungen von uner-

fahrenen Assistenten durchgeführt worden. Und überhaupt habe er sich beim ersten Prozess nicht befugt gefühlt, »gegen die Interessen der Staatsanwaltschaft zu handeln«. Und die wollte ja die Verurteilung von Maria Rohrbach, wie Specht richtig vermutete. Dass ein Gutachter vor Gericht unabhängig agieren muss und allein der Wahrheit verpflichtet ist, war ihm nicht in den Sinn gekommen.

Der zweite Prozess

Am Ende des zweiten Prozesses, der im Mai 1961 begonnen hatte, fasste der neue Hauptgutachter Professor Heinrich Kaiser die wissenschaftliche Qualität des Erstgutachtens so zusammen: »Das Gutachten, um das es hier geht, enthält so viele Fehler und verrät so viel Unterlassungen und Unwissenheit, es steht in solchem Kontrast zu den grundlegenden wissenschaftlichen Regeln, es verstößt mit seinen Irrtümern gegen jede klare wissenschaftliche Erkenntnis, es ist mit so viel falschem, scheinbar wissenschaftlichem Ballast behaftet, in ihm werden ohne ernsthafte Nachprüfungen verhängnisvolle Folgerungen gezogen – sodass es in den Augen der ernsthaften Wissenschaft keinerlei Beweiskraft besitzt.«

Maria Rohrbach wurde wegen Mangels an Beweisen freigesprochen. Sie hatte vier Jahre und zwei Monate im Gefängnis gesessen. Eine Haftentschädigung erhielt sie jedoch nicht, die wäre nur fällig gewesen, wenn das Gericht auf »erwiesene Unschuld« erkannt hätte.

Professor Specht gab seine Tätigkeit als Gerichtsgutachter auf.

Maria Rohrbach verkaufte ihre »Memoiren« für fünfzehntausend Mark an eine Illustrierte. Nach einem kurzen Klosteraufenthalt begann sie ein neues Leben, arbeitete unter falschem Namen zunächst als Krankenschwester, dann als Kantinenkellnerin in einem Krefelder Stahlwerk. Dort lernte sie den kaufmännischen Angestellten Karl S. kennen. Die beiden heirateten 1963, doch bereits ein Jahr später kam es zur Trennung.

Am 4. September 1964 erschien Karl S. auf einer Krefelder Polizeiwache und gab zu Protokoll, dass ihm seine Frau den Mord an Hermann Rohrbach gestanden habe. Außerdem legte S. ein Tagebuch als Beweis dafür vor, dass Maria versucht habe, ihn mit einem Kissen und einem spitzen Absatz zu ermorden.

Die einbezogene münstersche Staatsanwaltschaft hielt die Aussage von Karl S. für »nicht glaubwürdig«. Man nahm an, dass S. bei der von ihm beantragten Scheidung um die Zahlung der Alimente herumkommen wolle.

Mehrere Fernsehdokumentationen von ARD und ZDF beschäftigten sich mit dem Fall Rohrbach. In der Folge »Mörderspiele« griff auch die »Tatort-Münster«-Reihe den beispiellosen Justizskandal auf.

Nach der Freilassung Maria Rohrbachs gab es keine neuen Ermittlungen der Polizei. Auch hat bis heute niemand freiwillig den Mord an Hermann Rohrbach gestanden. Einen Tipp, wo ein möglicher Täter zu suchen gewesen wäre, hatte schon im ersten Prozess der münstersche Botanikprofessor Eduard Schratz gegeben. Schratz' Gutachten war vom Gericht aber nicht weiter beachtet worden, weil es nicht zum vorgefassten Urteil über Maria Rohrbach passte. Der Botanikprofessor hatte den Dickdarm Hermann Rohrbachs untersucht und gewarnt, dass der von der Polizei angenommene Todeszeitpunkt nicht richtig sein könne. Statt der Linsen, die Rohrbach nach den Ermittlungen der Polizei als letzte Mahlzeit vor seinem Tod gegessen haben soll, war Schratz auf Spuren von Trüffeln gestoßen, einem Lebensmittel, das nicht auf dem Speiseplan des ärmlichen Rohrbach-Haushalts stand. Der Biologe folgerte: »Er (Rohrbach) muss später auswärts nochmals gegessen haben.«

Und zwar bei jemandem, für den Trüffeln so alltäglich waren, dass er sie einem einfach gestrickten Gelegenheitsarbeiter servierte. Ende der Fünfzigerjahre kamen da nur die sogenannten besseren Kreise infrage. Doch trotz aller Spekulationen, die jahrzehntelang über den Fall Rohrbach angestellt wurden, gelangte nie ein konkreter Verdacht an die Öffentlichkeit. So bleibt der Mord an Hermann Rohrbach wohl ewig ungeklärt.

Universität Münster

Frischzellenkur für die Stadt

Münster ist jung, besitzt ein breites Kulturangebot und bewegt sich mit Vorliebe auf zwei Rädern. Und wem hat die Stadt diese Eigenschaften hauptsächlich zu verdanken? Den Studenten.

Rund fünfzigtausend von ihnen leben in Münster, und da es kein Universitätsviertel gibt, die Hochschulgebäude und Studentenwohnheime vielmehr über das ganze Stadtgebiet verstreut liegen, sieht man sie ständig – auf Fahrrädern. Pro Semestertag verbringt ein münsterscher Durchschnittsstudent zwölf Kilometer oder neununddreißig Minuten auf dem Fahrrad, hat ein Sportmediziner errechnet.

Auch die Professoren fahren natürlich Rad. Und wer von allein nicht auf die Idee kommt, der wird dazu genötigt. Wie der Theologieprofessor Joseph Ratzinger, der spätere Papst Benedikt XVI., der von seinen Studenten ein Fahrrad geschenkt bekam. 1963 war das, als Ratzinger in Münster Dogmatik lehrte.

Die Westfälische Wilhelms-Universität ist mit knapp sie-
benunddreißigtausend Studierenden die drittgrößte Uni
Deutschlands, aber bei Weitem nicht die einzige Hochschule
Münsters. Neben der WWU gibt es sechs weitere Hochschu-
len und Akademien: die Fachhochschule Münster (knapp
zehntausend Studierende), zwei Verwaltungsfachhochschu-
len sowie eine Polizeihochschule, eine Kunstakademie, eine
Katholische Fachhochschule und eine Philosophisch-Theo-
logische Hochschule. Bei der Letztgenannten kommen auf
sechzig Studierende acht Professoren, intensiver kann ein
Lehrbetrieb kaum stattfinden.

Domschule und Universitätsgründung

Trotz ihrer Größe ist die WWU eine vergleichsweise neue
Uni. Obwohl selbst Insider bei der Altersangabe ins Rech-
nen geraten. Denn bereits zwischen 1780 und 1818 existierte
in Münster eine Uni, dann wieder ab 1902, doch Westfälische Wilhelms-Universität heißt sie erst seit 1907, als Kaiser
Wilhelm II. ihr bei einem Münsterbesuch seinen Namen
überließ.

Die Anfänge des Hochschulbetriebs gehen viel weiter zurück und hängen eng mit der zweiten großen Ins-
titution Münsters zusammen, der Kirche. Schon im letzten Jahrzehnt des 8. Jahrhunderts gründete Bischof Liudger
die Domschule, die nach dem Paulusdom benannte Schola
Paulina. Durch alle Jahrhunderte und ungeachtet der verschiedensten politischen und religiösen Wirren schickte die
münstersche Elite ihre Kinder auf diese Schule. So konnte
das Gymnasium Paulinum vor etlichen Jahren sein tausend-
zweihundertjähriges Bestehen feiern, als eines der ältesten

Gymnasien Deutschlands und noch immer in dem Ruf, das angesehenste der Stadt zu sein.

Im 16. Jahrhundert übernahmen die Jesuiten – gegen heftige Proteste der Bürgerschaft – das Paulinum und bauten erst einmal kräftig um. Innerhalb von vier Jahren erhöhten sie durch Verzicht auf Schulgeld die Schülerzahl von dreihundert (1588) auf tausendeinhundertzwanzig (1592). Das alte Schulgebäude neben dem Dom war für derartige Schülermassen viel zu klein, ein neues entstand an der Aa und bildete zusammen mit dem Jesuitenkolleg und einer Kirche einen abgeschlossenen, quadratischen Gebäudekomplex. Übrig geblieben von diesem Quadrum ist heute noch die 1598 eingeweihte Petrikirche, die zwischen Domplatz und Universitätsbibliothek steht.

Neben der Gymnasialstufe führten die Jesuiten einen theologisch-philosophischen Studiengang ein, der zur Ausbildung von Priestern diente. Ziel der Ordensleute war es, eine Jesuitenuniversität zu gründen, wie im benachbarten Bistum Paderborn. Der Plan scheiterte am Widerstand der Stadt und des Fürstbischofs, die beide eine »große Lösung« bevorzugten, also eine Volluniversität mit vier Fakultäten (Theologie, Philosophie, Jura und Medizin). 1631 hatten Kaiser und Papst sogar schon die Gründungsprivilegien für eine Universität unterschrieben, doch dann kamen der Dreißigjährige Krieg und die Friedensverhandlungen dazwischen. Erst über ein Jahrhundert später gelang es dem fürstbischöflichen Minister und Generalvikar Franz von Fürstenberg, in Münster eine Uni zu etablieren.

Im April 1780 wurde die neue Universität eingeweiht, Fürstenberg übernahm auch das Amt des Vizekanzlers und stellte quasi im Alleingang die Professoren ein. Mit fünfhundert Reichstalern pro Jahr waren die Lehrstühle nicht besonders üppig dotiert und mancher Professor betrieb nebenbei noch ein kleines Geschäft. Als Fürstenberg den Professor für Natur- und Kriminalrecht, Johann Heinrich Waldeck, vor die Wahl stellte, entweder seinen Lehrstuhl zu räumen oder seinen Leinenhandel aufzugeben, entschied sich Waldeck – für den Leinenhandel.

Achtunddreißig Jahre nach Aufnahme des Lehrbetriebs war es mit der Universitätsherrlichkeit in Münster auch schon wieder vorbei. Beim Wiener Kongress von 1815 hatte Preußen das Rheinland zugeschlagen bekommen und König Friedrich Wilhelm III. versprach den Rheinländern umgehend eine eigene Universität. Die aber stand in Konkurrenz zur münsterschen. Bonn machte das Rennen, zumal den protestantischen Preußen die katholische Grundausrichtung der fürstenbergschen Uni nicht in den Kram passte. 1818 erfolgte die Degradierung zur Akademischen Lehranstalt, die noch Priester und Gymnasiallehrer ausbilden durfte.

Westfälische Wilhelms-Universität

1902 erhob der Kaiser die Königliche Theologische und Philosophische Akademie, wie sie seit 1843 hieß, wieder in den Rang einer Universität. Im Lauf der Zeit kamen neue Fachbereiche hinzu, nach mehreren Umstrukturierungen sind es heute (2011) fünfzehn, in denen man hundertzwanzig Studienfächer belegen kann.

Der mit Abstand größte und wichtigste Fachbereich ist der medizinische, allein die verschiedenen Universitätskliniken beschäftigen siebentausend Menschen. Die meisten Klinikgebäude befinden sich in der Nähe des Coesfelder Kreuzes, hier wurden 1983 auch die neuen Bettentürme des

Zentralklinikums errichtet. In Ermangelung anderer markanter Hochhausbauten dominieren die schon aus weiter Entfernung sichtbaren Kliniktürme die Skyline Münsters. Aus der Nähe betrachtet, sehen die fleckigen Waschbetontürme mittlerweile ziemlich scheußlich aus. Da auch die Technik im Inneren der Türme längst nicht mehr aktuell ist, möchte die Klinikleitung am liebsten alles abreißen und neu bauen. Aber das scheitert bislang am fehlenden Geld.

Insgesamt rangiert die WWU mit über zwölftausend Beschäftigten (davon sechshundert Professoren) auf Platz eins der Arbeitgeber Münsters. Rechnet man noch die knapp vierzigtausend Studierenden hinzu, kann man ermessen, welche Rolle die Uni für die Wirtschaft und die Kultur der Stadt spielt. Wobei noch gar nicht jene Betriebe berücksichtigt sind, die vom Forschungstransfer profitieren und Münster zu einem Technologiestandort gemacht haben.

Studentenbiotope und die RAF

Ehemalige Studentenbiotope wie das Kreuzviertel oder das Erphoviertel zählen heute zu den teuersten Wohngegenden Münsters. In den Siebzigerjahren, als junge Menschen am liebsten in Wohngemeinschaften lebten, eigneten sich die geräumigen Wohnungen in den Jugendstilhäusern rund um die Kreuzkirche und die Erphostraße hervorragend für diese Lebensform. Ein paar Jahrzehnte und etliche Luxussanierungen später sind die schicken Altbauwohnungen an gut verdienende Singles oder Doppelverdiener verkauft – zum Teil dieselben, die schon zu Studentenzeiten hier gelebt haben. Nirgendwo in Münster ist die Dichte an Ärzten, Rechtsanwälten und Studienräten (und ihren weiblichen Entsprechungen) so groß wie im Kreuzviertel. Mein Detektiv Wilsberg, der ja auch in Glockenklangweite der Kreuzkirche wohnt, weiß davon ein Lied zu singen.

Kombiniert man Wohngemeinschaften mit linken Studenten und der Zeit der Rote-Armee-Fraktion, dann gibt es dafür in Münster ein Synonym: die Kronenburg. Nach dem Zweiten Weltkrieg als Hotel Kronenburg eröffnet, beherbergte das Gebäude an der Hammer Straße ab 1974 WGs und linke Projekte, darunter eine Kneipe namens Kronenburg, die sich zum abendlichen Treffpunkt all jener entwickelte, denen die meisten anderen politischen Aktivisten viel zu brav waren.

Was nicht ohne Konsequenzen blieb. Regelmäßig stürmten Einsatzhundertschaften der Polizei die linke Trutzburg, auf der Suche nach verdächtigem Material oder Mitgliedern der Terrorszene.

Ulrike Meinhof, eine der Begründerinnen der RAF, hatte sich etliche Jahre zuvor völlig offen in Münster aufgehalten: als Studentin. Ende der Fünfzigerjahre studierte die Meinhof an der WWU Philosophie, Pädagogik, Soziologie und Germanistik. Und sie engagierte sich auch schon politisch – im Allgemeinen Studentenausschuss und in der Anti-Atomtod-Bewegung, einer Protestbewegung gegen die Pläne der Adenauer-Regierung, die Bundeswehr atomar zu bewaffnen.

Heute kämpft der AStA der WWU vor allem gegen Studiengebühren und die Verschulung des Studiums. Dafür weniger gegen die Generation der Eltern. Die werden von Uni und Stadt einmal im Jahr mit der Aktion Elternalarm nach Münster gelockt. Ein Wochenende lang dürfen Eltern zum Studententarif sämtliche Kultureinrichtungen besuchen, inklusive Eltern-Uni und Mensa-Brunch.

Die Rettung des Abendlandes und brennende Pyramiden

Feste und Bräuche in Münster

Münster ist eine Karnevalshochburg, der Jahrmarkt heißt hier Send. Und dann gibt es noch ein paar eigentümliche Traditionen, die sich in den Festtagskalender eingeschlichen haben.

Der Gute Montag

Alle drei Jahre feiern die münsterschen Bäcker den Guten Montag, mit Schützenfest, Umzug durch die Stadt, Fahnenschlagen vor dem Oberbürgermeister und dem Bischof – und natürlich einem freien Montag. Aber warum nur die Bäcker und nicht auch andere Handwerksinnungen? Ein solches Privileg braucht eine gute Begründung, und da trifft es sich, dass die münsterschen Bäcker für sich nicht mehr und nicht weniger in Anspruch nehmen als die Rettung des Abendlandes vor den Türken.

Und das kam so: Im Jahr 1683 arbeiteten zwei Bäcker aus Münster in Wien. Mitten in der Nacht bemerkten sie Versuche der türkischen Belagerer, die Festungsanlagen zu unterminieren, und schlugen Alarm. Die Türken schafften es nicht, Wien zu erobern, und zur Belohnung erlaubte der Kaiser den Bäckern, einmal im Jahr an einem Montag ein Fest zu feiern. So überzeugt waren die Münsteraner von ihrer Geschichte, dass sie zu Beginn des 20. Jahrhunderts versuchten, vom österreichischen Kaiser eine offizielle Bestätigung zu bekommen. Leider sei »aus den Akten der Gilde während der französischen Fremdherrschaft die betreffende kaiserliche Urkunde von frevelhafter Hand herausgerissen worden«, schrieben die Bäcker, »sodass der Gilde zu ihrem großen Schmerze der urkundliche Beweis für die Gründung der altehrwürdigen Fest- und Jubelfeier fehlt«. Man bat den Kaiser um »Nachsuchung jener Verleihungsurkunde« und um eine Abschrift.

Aus Wien kam keine Antwort. Ob dort überhaupt gesucht wurde, ist fraglich. Wahrscheinlich landete der Brief aus Münster gleich im Papierkorb, kannte man doch gleichlautende Geschichten auch aus anderen Gegenden des Habsburgerreiches. Mitte des 19. Jahrhunderts, als die Legende von den aufmerksamen Bäckern aufkam, ist noch von zwei »deutschen Bäckergesellen« die Rede, 1867 waren daraus »westfälische Bäckergesellen« geworden und Ende des 19. Jahrhunderts hatten Lokalforscher schon den Namen von einem der beiden münsterschen Bäcker fast zweifelsfrei ermittelt.

Die Wahrheit über die Herkunft des Festtags dürfte weitaus unspektakulärer sein. Im ausgehenden Mittelalter feierten Gesellen aller Handwerkerzünfte den Guten Montag mit Umzügen und Festessen, oft verbunden mit dem Maigang, einer Art Picknick mit Spielen und reichlich Alkohol vor den Toren der Stadt. Weil die Bäcker ihren Guten Montag mit einem Schützenfest anreicherten, überlebte ausgerechnet ihr Brauch die Auflösung der Zünfte, jedenfalls bis 1805, als die Napoleonischen Kriege das Fest vorläufig beendeten.

1819 ließen die münsterschen Bäcker den Guten Montag wieder aufleben. Da beriefen sie sich allerdings noch nicht auf den Kaiser, Wien und die Türken, sondern auf ein »privilegium« aus »uralten Zeiten«.

Das Lambertusfest

Deutlich jüngeren Ursprungs als der Gute Montag der Bäcker ist das Lambertusfest rund um den 17. September, den Tag des heiligen Lambertus. Ende des 18. Jahrhunderts wird es erstmalig erwähnt, im frühen 19. Jahrhundert beschreiben es Zeitzeugen als Fest der Kinder, Handwerksgesellen und Dienstmädchen. Man stellte hölzerne, mit Grün geschmückte Pyramiden auf, fasste sich an den Händen und sang Lambertuslieder zum Reigentanz.

Mitte des 19. Jahrhunderts scheint das Fest aus dem Ruder gelaufen zu sein. Statt erbaulicher wurden oft frivole Lieder gesungen und anstatt züchtig im Kreis zu tanzen, spielte die Fiedel zum anzüglichen Walzer auf. Mittlerweile erstreckte sich das Lambertusfest über viele Tage, die Pyramiden behinderten in den engen Gassen den Verkehr, nicht selten kreisten Schnapsflaschen und manche Kritiker vermuteten, Wirte würden Pyramiden vor den Eingängen ihrer Kneipen aufstellen, um die Zecher nach dem Singen ins Innere zu locken.

1854 sah sich die Stadtverwaltung gezwungen, das Fest auf drei Tage zu beschränken. 1873, nach einem vernichtenden

Polizeibericht, wurde es auf allen öffentlichen Plätzen und Straßen verboten, zwanzig Jahre später auch in Wirtschaften und auf eingezäunten Plätzen.

Vorübergehend geriet der Brauch in Vergessenheit, erst 1907 taucht die Lambertusfeier als Kinderfest wieder auf, organisiert vom Allgemeinen Bürger-Schützen-Corps auf dem Gelände des Schützenhofs mit »Kinder-Polonaise«, »Anzünden einer prächtigen Riesen-Pyramide« und »Abbrennen eines Feuerwerks«. Derart gesellschaftsfähig geworden, stiftete der Verschönerungsverein 1909 den Lambertusbrunnen, der vor der Lambertikirche steht und bis heute als Treffpunkt der zentralen Lambertusfeier dient.

Grundschulen und Vereine feiern ebenfalls Lambertusfeste, zu denen Kinder mit selbst gebastelten Laternen durch die Straßen ziehen und »Kinder kommt runter – Lambertus ist munter! Kinder bleibt da – ist gar nichts von wahr!« rufen. Anschließend befestigen die Kinder ihre Laternen in den Pyramiden, singen Lieder vom Jäger und der dummen Liese und fragen musikalisch einen als Bauer verkleideten Mitspieler: »O Buer, wat kost't din Hei?«

Aus dem Ruder laufen solche Feste nur dann noch, wenn eine der Laternen in Flammen aufgeht – und mit ihr die ganze Pyramide.

Karneval

1930 gelang es den münsterschen Karnevalisten, ihre Kölner Kollegen zu schlagen. Dreiundzwanzig Wagen zählte man beim Rosenmontagszug in Münster, drei mehr als in Köln. Der Triumph war von relativ kurzer Dauer, in der Rangfolge der nordrhein-westfälischen Karnevalshochburgen haben Köln und Düsseldorf ihre westfälische Schwesterstadt Münster inzwischen eindeutig abgehängt. Nur noch das dritte Fernsehprogramm des WDR berichtet live aus dem Münsterland, obwohl der Zug inzwischen auf mehr als hundert Wagen angewachsen ist und sich stundenlang durch die von Zehntausenden von Zuschauern gesäumten Innenstadtstraßen schlängelt.

Mit dem Rosenmontagszug ist der Höhepunkt der Karnevalssaison erreicht, die pünktlich am 11.11. um 11.11 Uhr beginnt. Dann nämlich erobert der Karnevalsprinz das Rathaus und lässt sich zum Zeichen der Machtübernahme vom Oberbürgermeister den Rathausschlüssel aushändigen.

Die Rathausstürmung ist der Startschuss für gut dreihundert Termine, die der Prinz zusammen mit seinem Hofstaat bis zum Aschermittwoch absolvieren muss. Nicht nur beim Sitzungskarneval der rund dreißig münsterschen Karnevalsvereine, auch Jugendgruppen, Altenheime und Krankenhäuser wollen besucht werden. Kein Wunder, dass seit Jahren ein gründlicher Gesundheitscheck vor der Wahl des Prinzen obligatorisch ist. Denn zwei Eigenschaften muss der Mann vor allem besitzen: Durchhaltevermögen und Trinkfestigkeit. Wenn er dann noch singen kann, sind seine Sympathiewerte kaum zu toppen.

Aber auch wer nicht singen oder Büttenreden halten kann, ist vor Ehrungen nicht gefeit. Schließlich brauchen alle Karnevalsvereine Jahr für Jahr neue Träger ihrer Orden, Titel und Auszeichnungen. Wer also als halbwegs prominent gilt und kein absoluter Karnevalsflüchtling ist, den erwischt es irgendwann. So wie mich auch. In der fünften Jahreszeit darf ich mich Dr. humoris causa der KG Unwiesität und Ehrensenator der KG Freundenthal nennen. Weitere Ehrentitel sind nicht ausgeschlossen.

Fastnacht

Der enge Zusammenhang von Karneval und Katholizismus erklärt, warum die münstersche Tradition bis ins 18. Jahrhundert zurückreicht. Doch schon im Mittelalter wurde an der Aa die Vorläuferin des Karnevals, die Fastnacht, exzessiv gefeiert. Bis ausgerechnet der katholische Orden der Jesuiten dem närrischen Treiben ein Ende machte.

Im späten Mittelalter begann die münsterische Fastnacht am Donnerstag vor dem Sonntag Quinquagesima (das ist der erste Sonntag in der fünfzigtägigen Vorbereitung auf Ostern) und endete am Montag nach dem ersten Fastensonntag. Besonders hoch her ging es am Dienstag vor und am Donnerstag nach (!) Aschermittwoch. An diesen Tagen konnte man tun und lassen, was man wollte. Männer, Frauen und Kinder verkleideten sich oder trugen Larven, zogen tanzend durch die Straßen und drangen in Häuser ein, um mit den Bewohnern zu essen und zu trinken oder sie zum Würfelspiel zu nötigen. Bei den Vermummungen gab es keine Beschränkungen, beliebt waren der Geschlechtertausch und Masken, die Teufel, Türken oder böse Geister darstellten.

Gesellen aller Gilden hielten während der Fastnacht Umzüge und mehrtägige Gelage ab. Am ausgiebigsten, nämlich zwei Wochen lang, feierten die Söhne der reichen Bürger, die sich in der St.-Annen-Bruderschaft zusammengeschlossen hatten und zur Fastnacht junge Kaufleute aus Hamburg, Lübeck und Bremen einluden.

Höhepunkt der auch Große Cumpanei genannten St.-Annen-Feierlichkeiten war ein Ausritt in bunter Kleidung nach Kinderhaus. Dabei führten die St.-Annen-Brüder einen Wagen mit sich, in dem eine mit Stroh ausgestopfte Puppe versteckt lag. In Kinderhaus wurde die Puppe, die

Geck oder doctor hieß, hervorgeholt und im Triumphzug in die Stadt zurückgebracht. Anschließend veranstalteten die Cumpaneibrüder Reiterspiele auf dem Marktplatz. Bei einem dieser Spiele ging es darum, an den Füßen aufgehängten und quer über den Platz gespannten Gänsen mit bloßer Hand den Kopf abzureißen. Zu Pferde und in vollem Galopp natürlich.

Am Ende ihres Fastnachtstreibens klagten die St.-Annen-Brüder den doctor an, für allen Unsinn, Verschwendung, Völlerei und Zecherei verantwortlich zu sein. Ein Priester nahm ihm die Beichte ab, Gerichtsherren verurteilten ihn zum Tode und schließlich ging die Strohpuppe unter Beteiligung der gesamten Bevölkerung in Flammen auf.

Ab Mitte des 16. Jahrhunderts begann die Obrigkeit, mit Verordnungen gegen die Fastnacht vorzugehen. Man verbot den Bürgern, sich zu vermummen und bei lauter Musik durch die Stadt zu ziehen, auch öffentliches Würfeln oder Kartenspielen sowie Heischen (Fordern) und Sammeln standen unter Strafe. Wobei es noch etliche Jahrzehnte dauerte, bis diese Regelungen tatsächlich durchgesetzt wurden.

Zu Hilfe kamen der Stadtregierung ab 1588 die Jesuiten, die die Domschule, das Gymnasium Paulinum, übernommen hatten. Gegen die Ausschweifungen der Fastnacht setzten die Jesuiten neben moralischen Appellen auch handfeste Ablenkungen ein. So inszenierten die Gymnasiasten alljährlich zur Fastnacht aufwendige Theaterstücke, während in der Jesuitenkirche vierzigstündige Gebete und feierliche Gottesdienste abgehalten wurden.

Schließlich leiteten die St.-Annen-Brüder, die sich am heftigsten gegen die Verbote wehrten, mit einem skandalträchtigen Auftritt die endgültige Abschaffung der Fastnacht ein. Das war im Jahr 1608, als sie den doctor mit einem langen schwarzen Jesuitentalar bekleideten und ihm zudem noch einen Kurfürstenmantel über die Schultern hängten.

Die Beleidigung des Fürstbischofs und der Jesuiten zwang den Stadtrat zum Handeln. Ab 1609 durfte nur noch an den drei Tagen vor Aschermittwoch Fastnacht gefeiert werden, Zechen war bis acht Uhr abends erlaubt, und Vermummungen standen unter empfindlicher Strafe. 1623 erfolgte das Verbot sämtlicher Fastnachtsgelage, der Brauch war damit so gut wie abgeschafft, tauchte jedoch in rudimentärer Form während des gesamten 17. Jahrhunderts immer mal wieder auf. Vom spanischen Gesandten beim Friedenskongress 1648, Graf Peñaranda, ist der Spruch »Ganz Münster ist ein Freudenthal« überliefert, möglicherweise meinte der Graf damit aber nicht die Kongress-Fastnacht, sondern ganz allgemein das sorglose Leben im damaligen Münster.

Im 18. Jahrhundert kamen dann Maskenbälle in Mode, nicht mehr beim einfachen Volk, sondern in vornehmeren Kreisen. Die Bälle dauerten oft bis zur Morgendämmerung, in Fastnachtszeiten auch schon mal bis neun oder zehn Uhr am Morgen. Und hundert Jahre später, 1833, gründeten münstersche Honoratioren die erste Karnevalsvereinigung, das Comité, aus dem sich später die Karnevalsgesellschaft Freudenthal entwickelte.

Nach und nach folgten weitere Karnevalsvereine mit Namen wie Blech oder Viktoria. In den Jahren vor dem Ersten Weltkrieg war die Lage so unübersichtlich geworden, dass sich mit dem Verein für Karnevalsfreunde ein Dachverband bildete, ein Vorläufer des Bürgerausschuss münsterscher Karneval, der den heutigen Rosenmontagszug organisiert.

Den ersten Rosenmontagszug gab es allerdings schon 1896, als die Gesellschaft Union einen Umzug mit Wagen veranstaltete. Auf dem letzten Wagen stand auch erstmals ein

Prinz Carneval, damals noch nicht in goldglänzender Uniform, sondern als Narr verkleidet.

An diese schlichte und bissige Form des Karnevals erinnert heute die Formation Kappe App!, die mit ihren Kabarettnummern eine Alternative zum Prunksitzungskarneval bietet.

Send

Der Name Send für den münsterschen Jahrmarkt (oder die Kirmes) leitet sich von Synode ab, der Bezeichnung für die Versammlung aller Geistlichen des Bistums Münster, die seit dem 9. Jahrhundert zweimal jährlich abgehalten wurde. Vermutlich im 11. Jahrhundert nahm man die Synoden zum Anlass, um parallel große Jahrmärkte zu veranstalten, bei denen die üblichen Beschränkungen des Wochenmarktes nicht galten. So durften zum Frühjahrs- und Herbstsend auswärtige Händler ihre Waren zu denselben Konditionen verkaufen wie die einheimischen, was eine Menge Volk und nicht selten auch zwielichtiges Gesindel anlockte. 1525 verhängte die Stadt den Marktfrieden, zu Sendzeiten galten seitdem verschärfte Gesetze. Nicht erst bei Mord und Totschlag, sondern schon bei bloßen Tätlichkeiten mit Blutvergießen drohte den Übeltätern die Todesstrafe. Als Symbol für die Null-Toleranz-Politik ist seit 1578 zu Sendzeiten am münsterschen Rathaus das Sendschwert ausgestellt. Inzwischen eine Kopie, nachdem im Jahr 2000 während des Herbstsends das Originalschwert gestohlen wurde.

Bis 1855 fand der Send mitten in der Stadt auf dem Domplatz statt. Weil aber der Jahrmarktlärm die in den umliegenden Kurien wohnenden Domherren zunehmend störte, verlegte man ihn auf den Hindenburgplatz (der damals noch Neuplatz hieß) vor dem Schloss. Ungefähr zu dieser Zeit kam auch der Sommersend hinzu, sodass bis heute dreimal im Jahr, jeweils von Donnerstag bis Montag, der gesamte Hindenburgplatz mit Achter- und Geisterbahnen, Schießbuden und Losverkäufern belegt ist. Doch auch die Tradition des Jahrmarkts ist nicht völlig untergegangen. Noch immer lassen sich auf dem Send Kochtöpfe und Socken kaufen. Und manche Sendbesucherin kommt zu ihrer eigenen Überraschung mit mehreren Topfpflanzen nach Hause, weil sie den Überredungskünsten des Pflanzenhändlers am Haupteingang nicht widerstehen konnte.

Den Blumenwagen gab es schon, als ich in Münster studierte. Eine andere Attraktion jener Jahre passte irgendwann nicht mehr zum Zeitgeist. In Schlüters Boxbude durften sich Amateurboxer, die bereit waren, eine Antrittsprämie zu zahlen, von den Schlüter-Jungs verprügeln lassen. Und wenn unter den Herausforderern mal einer war, der tatsächlich boxen konnte, dann verkürzte Schlüter senior, der als Ringrichter fungierte, ganz radikal die Rundenzeiten.

Münster ist bunt

Die Steigerung Schwarz-Münster-Paderborn gilt nicht mehr

Münster ist katholisch. Heißt es. Und tatsächlich blickt Münster seit der Stadtgründung durch den Missionar und ersten Bischof Liudger auf eine lange katholische Tradition zurück. Nur unterbrochen von der Zeit der Wiedertäufer, die im 16. Jahrhundert einen Gottesstaat nach frühchristlichem Vorbild errichteten. Danach regierten wieder die katholischen Fürstbischöfe, bis Anfang des 19. Jahrhunderts die protestantischen Preußen die Macht übernahmen. Doch die papsttreuen Münsteraner mochten sich nicht anpassen und lieferten den regierenden Protestanten in Berlin einen heftigen Kulturkampf. Der mehr oder weniger unentschieden endete, denn die Münsteraner blieben katholisch und feierten trotzdem den andersgläubigen Monarchen bei seinen seltenen Münsterbesuchen.

In der Weimarer Republik dominierte das katholische Zentrum den Stadtrat und nach dem Zweiten Weltkrieg stellte die CDU regelmäßig den Oberbürgermeister. Mit

einer Ausnahme: Von 1994 bis 1999 regierte die Sozialde-
mokratin Marion Tüns mit rot-grüner Mehrheit.

Katholisch, konservativ und ein bisschen spießig – die im
verbreiteten Vorurteil auf Münster zugeschnittenen Attri-
bute scheinen also zuzutreffen. Nur noch übertroffen von
Paderborn, weshalb ein bekanntes Bonmot lautet: »Steige-
rung von Schwarz: Münster, Paderborn.«

Schaut man allerdings genauer hin, entdeckt man, dass
Münster nicht so leicht auf einen Nenner zu bringen ist.
Politisch, zum Beispiel. In der Innenstadt, die in etwa den
Grenzen der Stadt Münster vor der Eingemeindung diver-
ser Vororte im Jahr 1975 entspricht, gibt es schon seit Län-
gerem eine stabile rot-grüne Mehrheit. Überhaupt erziel-
ten die Grünen in Münster landesweite Spitzenergebnisse
und lagen fast gleichauf mit der SPD. Zudem brachte die
letzte gesamtstädtische Wahl im Jahr 2009 kein klares Ergebnis. Zwar wurde mit Markus Lewe ein CDU-Mann zum
Oberbürgermeister gewählt, doch im Stadtrat verlor die
CDU/FDP-Koalition ihre Mehrheit. Von Entscheidung
zu Entscheidung wechselnde Bündnisse waren die Folge,
manchmal gaben SPD und Grüne zusammen mit vier kleinen Parteien den Ton an.

Die unklaren politischen Verhältnisse sind Ausdruck der
verschiedenen Kulturen, die in Münster nebeneinander existieren. Da gibt es zum einen die Paohlbürger (= Pfahlbür-
ger), deren Vorfahren schon zu Pfahlbauzeiten in Münster
siedelten, konservativ bis ins Herz und von vornehmer Zurückhaltung. Bevor sie einen Neubürger akzeptieren, muss
der sprichwörtliche Sack Salz gemeinsam vertilgt werden.
Und da sind zum anderen die Zugezogenen, die nach dem
Studium Hängengebliebenen, die aus Liebes- oder beruf-
lichen Gründen in Münster Gestrandeten. Die »im Tran-

sit Heimischen«, wie der münstersche Schriftsteller Burkhard Spinnen sie nennt. Beiden Milieus gemeinsam ist ein relativ hoher Bildungsstand, verbunden mit einem ebensolchen Einkommen. Die Schnittmenge stellt daher ein großes Interesse an kulturellen Angeboten jeglicher Art dar. Jede Stadtregierung, egal welcher politischen Couleur, muss diese Nachfrage erfüllen, sonst hätte sie schon bald ihre Legitimation verloren.

Auch die münstersche CDU erkannte bereits in den Achtzigerjahren, dass sie sich nicht allein auf die konservative Bürgerschaft stützen konnte, wollte sie nicht zu einer Minoritätenpartei werden. Mit einer Kulturpolitik, die damals noch aus einer vollen Stadtkasse schöpfte, begann sie, die sogenannte freie Szene einzubinden. So überließ man einer Theaterinitiative ein unter Denkmalschutz stehendes Pumpenhaus, das in mühevoller Handarbeit zu einem vollwertigen Theater umgebaut wurde. Man stellte Künstlern Atelierräume und Musikern Proberäume zur Verfügung, unterstützte Kreativhäuser und Bildungswerke und pflegte sogar, nach anfänglichem Zögern, den anarchischen Wildwuchs auf dem Hawerkampgelände.

Höhepunkt der kulturellen Umarmungsstrategie waren die Feierlichkeiten zum tausendzweihundertjährigen Stadtjubiläum, das 1993 begangen wurde. (Ganz ungeachtet der Frage, ob die erste, von Liudger errichtete Klostersiedlung die Bezeichnung Stadt verdient.) Wer auch nur ansatzweise eine Idee hatte, die sich mit dem Jubiläumskonzept verbinden ließ, erhielt Gelder aus dem städtischen Topf, Karnevalsvereine und Kaninchenzüchter ebenso wie Künstler und Theaterleute. Selbst Gegner des Jubiläums, die sich in einer Initiative organisiert hatten, wurden dafür mit einem kräftigen Zuschuss belohnt.

Rechtzeitig zum Stadtjubiläum öffnete die neue Stadtbücherei ihre Türen, ein Meisterwerk des münsterisch-eng-
lischen Architektenpaars Bolles-Wilson, das Münster auf
die Liste der Städte mit sehenswürdigen Neubauten kata-
pultierte. Eine Liste, auf der dreieinhalb Jahrzehnte zuvor
der Theaterneubau eines von Harald Deilmann angeführ-
ten Architektenteams stand. Ein noch heute bemerkens-
wert modernes Gebäude, das hinter Beton- und Glasfassaden
Überreste eines im Krieg zerstörten Adelshofs integriert.

Stadtbücherei und Städtische Bühnen stehen dafür, dass
die Stadt neben der Förderung der freien Szene die traditionellen Kulturangebote nicht vernachlässigt. Trotz aller
Sparzwänge, die inzwischen eingesetzt haben, hält man am
Dreispartencharakter (Schauspiel, Musik- und Tanztheater)
der Städtischen Bühnen fest. Da es im gesamten Münsterland
kein vergleichbares Haus gibt, ist das Stadttheater zugleich
ein Anziehungspunkt für die Region.

Und falls doch noch jemand an der großen Verbunden-
heit der Münsteraner mit ihrer Stadt gezweifelt hätte, wäre
er spätestens durch die Bewerbung zur europäischen Kultur-
hauptstadt 2010 eines Besseren belehrt worden. Nirgendwo
war die Begeisterung so groß wie in Münster. Als die Aus-
wahljury in den Prinzipalmarkt einbog, drängte sich eine in
einheitlich roten (Bewerbungs-)T-Shirts gekleidete Men-
schenmenge auf dem Kopfsteinpflaster. Und der Tag der
Entscheidung wurde zu einem Volksfest am Hafen.

Genutzt hat beides nichts. Schon bei der Vorauswahl in
NRW scheiterte Münster an Essen. Die Jury entdeckte in der
von industriellen Umbrüchen geplagten Revierstadt das größere Entwicklungspotenzial. Und vielleicht ist das ja tatsächlich Münsters Problem. Dass es in Schönheit erstarrt ist und
Gefahr läuft, zu seinem eigenen Heimatmuseum zu werden.

Provinzraupe und internationaler Schmetterling

Als auf dem Hindenburgplatz eine Musikhalle gebaut werden sollte, die mehr international bekannte Musiker zu klassischen Konzerten nach Münster hätte locken können, regte sich Bürgerprotest. Man fürchtete, der ebenfalls auf dem Hindenburgplatz gastierende Send müsse sich einschränken, Parkplätze könnten verloren gehen oder die Stadt würde zu viel Geld für elitäre Kunst ausgeben. Schließlich stoppte ein Bürgerentscheid das Projekt. Auch am Hafen bildet sich eine Bürgerbewegung gegen weitere Veränderungen, man möchte die alten Werkshallen erhalten und sträubt sich gegen die geplante Wohnbebauung.

Man müsse die Bürger anhören und stärker in den Diskussionsprozess einbeziehen, räumt Oberbürgermeister Lewe ein: »Bei jeder Entscheidung kommt es auf den richtigen Zeitpunkt an.« Generell sieht auch der OB die Gefahr der Selbstgenügsamkeit: »Eine Stadt, die behauptet, sie könne so bleiben, wie sie ist, hat den ersten Nagel in ihren Sarg geschlagen.« Für Münster bangt Lewe jedoch nicht um die Zukunft. Hier stimme die Life-Work-Balance, die Lebensqualität der Stadt bestehe in der Authentizität, der Bodenständigkeit, aus der sich Neues entwickle.

Und was ist das Neue? Wohin muss sich Münster entwickeln? OB Lewe fordert »einen Quantensprung in Richtung Internationalität«, Münster befinde sich in einer »Metamorphose von einer Provinzraupe zu einem hübschen internationalen Schmetterling«. Jetzt komme es darauf an, Münsters Position in Europa zu definieren und offener für Menschen aus aller Welt zu werden. In erster Linie baut Lewe auf die Universitäten und das Max-Planck-Institut für molekulare Biomedizin, an dem mehr als hundertfünfzig Wissenschaftler aus fünfzehn Nationen arbeiten und Grundlagenforschung für eine zukünftige Medizin betreiben. Außerdem habe sich Münster zu einem Zentrum für Nanotechnologie entwickelt. Der Oberbürgermeister ist davon überzeugt, dass Münster seine Stärken noch besser kommunizieren müsse, nicht nur im Bereich Wissenschaft und Forschung, sondern auch im Kunst- und Kultursektor. So kämen zwar alle zehn Jahre Hunderttausende von Besuchern zu den *skulptur projekten*, doch noch sei in Europa viel zu wenig bekannt, dass Münster auch zwischen den Ausstellungen eine einzigartige Kunstlandschaft zu bieten habe.

Münsters Stadtmarketing wirbt deshalb seit einiger Zeit mit einem neuen Slogan: »Münster – die Kluge unter den Schönen«. Der Spruch soll auf Werbematerialien und Touristikmessen Münsters Stärken herausstellen. Für Wissenschaftskongresse gilt allerdings auch die Umkehrung: »Münster – die Schöne unter den Klugen«.

Von Amalie von Gallitzin bis Götz Alsmann

Berühmte Münsteraner

Amalie Fürstin von Gallitzin

Goethe, Herder und ein paar andere Geistesgrößen bewunderten sie, mit Franz von Fürstenberg, dem Minister, Generalvikar, Bildungsreformer und faktischen Regenten des Fürstbistums Münster, lebte sie mehr oder weniger offen zusammen. Dabei begnügte sie sich nicht mit einer Frauenrolle an der Seite von mächtigen und berühmten Männern – Amalie von Gallitzin war gebildet und emanzipiert, kämpfte für die Ideen der Aufklärung und später für einen romantischen Katholizismus. Und stets auch für sich selbst, für ihre Unabhängigkeit und Freiheit.

1748 als Tochter eines preußischen Feldmarschalls in Berlin geboren, kam Amalie nach ihrer Schulzeit an den preußischen Hof. Dort lernte sie den russischen Gesandten Fürst Dimitrij Aleksejewitsch Golizyn kennen, mit dem sie zuerst nach Paris und später nach Den Haag ging. In Paris gehörten

Voltaire und Diderot zu ihren Bekanntschaften, in Den Haag freundete sie sich mit dem Philosophen Frans Hemsterhuis an, der sie, nachdem sie sich von Golizyn getrennt hatte, ermunterte, nach Münster zu ziehen. Zusammen mit Franz von Fürstenberg, Anton Matthias Sprickmann, dem späteren Förderer von Annette von Droste-Hülshoff, und einigen anderen Philosophen und Pädagogen gründete Amalie von Gallitzin den intellektuellen Kreis von Münster, der versuchte, die Ideen der Aufklärung in die Praxis umzusetzen.

Amalie selbst unterrichtete in vielen Fächern und entzog sich dem modischen Zeitgeist, indem sie auf Korsett und Reifrock verzichtete und stattdessen schlichte Kleider und kurze Haare trug. Goethe, der sie 1792 in ihrem münsterschen Stadthaus besuchte, war deswegen arg enttäuscht und bemängelte, dass »ein Weib die Weiblichkeit ausziehen wolle«. Immerhin tröstete er sich mit ihrer »kostbaren Seele«.

Nach einer schweren Erkrankung entdeckte Amalie von Gallitzin für sich das Thema Religion. Sie kehrte in die katholische Kirche zurück und entwickelte mit anderen Mitgliedern des Kreises von Münster einen »romantischen« Katholizismus, der ihnen die spöttische Bezeichnung familia sacra (heilige Familie) einbrachte.

Amalie von Gallitzin starb im April 1806 in Münster. Knapp sechzig Jahre später entstand das Gemälde »Die Fürstin Gallitzin im Kreis ihrer Freunde« von Theobald von Oer, das die familia sacra vor dem Landhaus der Gallitzin in Münster-Angelmodde zeigt. Reproduktionen des Bildes, vor allem die Kupferstiche des Berliner Künstlers Paul Dröhmer, sind noch heute weit verbreitet.

Das Gallitzin-Haus in Angelmodde widmet Amalie eine Dauerausstellung, nicht weit entfernt, an der Kirche St. Agatha, befindet sich die Grabstätte der Fürstin.

Herr Alexander

»Herr Alexander«, so sein Künstlername, wurde als Johann Friedrich Alexander Heimbürger 1819 in Münster geboren. Hier starb er auch 1909, nach fünfundfünfzig Jahren Ruhestand. Zehn aktive Jahre im Showbusiness hatten gereicht, um Wohlstand und Ruhm für den Rest seines Lebens anzusammeln. Bis heute gilt Alexander Heimbürger in einschlägigen magischen Zirkeln als einer der größten seiner Zunft, selbst der geniale Houdini erwies seinem Vorbild aus Münster die Ehre.

Mit spektakulären Zaubertricks und Illusionen tourte »Herr Alexander« durch Nord-, Mittel- und Südamerika, trat vor Kaisern und Präsidenten auf und brachte es sogar zu einer Erwähnung in Herman Melvilles »Moby Dick«. In der heutigen Zeit hätte »Herr Alexander« vermutlich ein Dauerengagement in Las Vegas, Mitte des 19. Jahrhunderts musste er den Stress langer Reisen, klimatischer Extreme und gesundheitlicher Gefahren auf sich nehmen. Wohl auch, weil er mehrfach erkrankte, unter anderem an Gelbfieber, hängte er 1854, im Alter von fünfunddreißig Jahren, seine Karriere an den Nagel, kaufte sich ein Haus in Münster und genoss den langen Rest seines Lebens. Lediglich für Wohltätigkeitsveranstaltungen stieg er noch auf die Bühne.

Mit dem magischen Fieber infizierte sich Alexander Heimbürger, als er sechzehnjährig den Wiener Zauberkünstler Ludwig Döbler im münsterschen Stadttheater bestaunte. Bei nächstbester Gelegenheit, und die ergab sich 1839, schloss er sich professionellen Magiern an, zunächst dem Budenzauberer Friedrich Becker, der mit Wasserspielen und Geistererscheinungen arbeitete, später polnischen und russischen Künstlern.

Bald darauf machte sich Heimbürger als »Herr Alexander« selbstständig, zunächst mit mäßigem Erfolg. Erst als ihn der Hamburger Millionär Salomon Heine für eine Soiree engagierte, gelang der Durchbruch. Weitere Auftritte vor Hamburgs besserer Gesellschaft folgten, anschließend absolvierte der Magier eine Tournee durch Norddeutschland, bei der er Kartenkunststücke und Illusionen zeigte. Seine spektakulärsten Tricks waren das Fangen einer Gewehrkugel und das Entzünden von zweihundert Kerzen durch einen Pistolenschuss. Und dann lockte Amerika.

1843, im Alter von vierundzwanzig Jahren, fuhr Heimbürger über den Atlantik. In New York kämpfte der Münsteraner erst einmal mit Sprachproblemen. Um sie zu überspielen, verkleidete er sich zeitweise als Chinese. Doch nach einigen Monaten begeisterte »Alexander the Conjurer« auch das Publikum der Weltmetropole. Als erster Magier überhaupt trat er im Weißen Haus vor dem amerikanischen Präsidenten auf. Tourneen durch die USA, Kanada, Kuba, Mexiko, Argentinien, Chile und Brasilien schlossen sich an. Brasiliens Kaiser Pedro II. war so vernarrt in Heimbürger, dass er ihn zwei Jahrzehnte später in Münster besuchte.

Ständig entwickelte Alexander Heimbürger sein Programm weiter, experimentierte mit Elektrizität und zeigte die weltweit erste Schwebevorführung: »Wunder von Hindustan oder Das in der Luft schwebende Kind«. Nicht weniger klangvolle Namen trugen andere Highlights seiner Show: »Hervorbringung eines wunderschönen kleinen Mädchens aus einem Ei« und »Erscheinen von Wasserschalen und Blumen aus dem Nichts«.

Nach zehn Jahren Amerika kehrte Heimbürger in seine Heimat zurück und setzte sich zur Ruhe. Die restlichen fünfundfünfzig Jahre seines Lebens verliefen entsprechend unspektakulär. Heimbürger heiratete zweimal und hatte insgesamt zehn Kinder. Nur einmal gelang ihm noch ein Clou: 1878 brachte er das Wund- und Abführmittel »H. Bürgers Digestiv-Salz« auf den Markt, das noch bis Mitte des 20. Jahrhunderts vertrieben wurde.

Heinrich Brüning

Der letzte demokratisch legitimierte Reichskanzler vor der Machtübernahme der Nationalsozialisten war ein Münsteraner. Heinrich Brüning (1885–1970) entstammte einer münsterschen Unternehmerfamilie, ging auf das Gymnasium Paulinum und studierte anschließend sehr ausdauernd in München, Straßburg, London und Bonn. Als der Erste Weltkrieg begann, strebte der promovierte Nationalökonom noch eine Universitätskarriere an, erst seine Erlebnisse als Soldat und die Wirren der Weimarer Republik brachten ihn auf die Idee, in die Politik einzusteigen.

Brüning engagierte sich in der Zentrumspartei, dem Vorläufer der heutigen CDU, sammelte Erfahrungen als Referent des preußischen Wohlfahrtsministers und Gewerkschaftsvorsitzenden Adam Stegerwald und errang 1924 erstmals einen Sitz im Berliner Reichstag. Seine intellektuelle Schärfe und wirtschaftlichen Kenntnisse verschafften Brüning rasch hohes Ansehen. Er stieg zum finanzpolitischen Sprecher und 1929 zum Vorsitzenden der Zentrumsfraktion auf.

1930 scheiterte die Große Koalition zwischen den bürgerlichen Parteien und der SPD. Reichspräsident Paul von Hindenburg, der schon länger daran interessiert war, den SPD-Kanzler Müller durch einen Konservativen zu ersetzen, ernannte Heinrich Brüning zum neuen Reichskanzler.

Doch Brüning gelang es nicht, die Erwartungen Hindenburgs zu erfüllen und eine parlamentarische Mehrheit rechts von der SPD und unter Ausschluss der NSDAP zustande zu bringen. Die daraufhin angesetzten Neuwahlen brachten in der beginnenden Weltwirtschaftskrise das Gegenteil des von Brüning gewünschten Ergebnisses. Verunsicherte Wähler verschafften der NSDAP einen Wahlerfolg, die Nazis gewannen hundertsieben statt bisher zwölf Sitze und wurden zur zweitstärksten Fraktion. Eine bürgerlich-liberale Mehrheit war damit unmöglich, Brüning regierte fortan mit einer Minderheitsregierung und Notverordnungen des Reichspräsidenten, die von den Sozialdemokraten nur deshalb toleriert wurden, weil sie einen weiteren Aufstieg Hitlers verhindern wollten.

Während sich die Weltwirtschaftskrise verstärkte, betrieb Brüning eine rigide Sparpolitik, um die Staatsfinanzen zu sanieren. Dazu kam der Effekt der Reparationszahlungen, die Deutschland nach dem Ersten Weltkrieg zahlen sollte: Es ergaben sich enorme soziale Probleme, die im Frühjahr 1932 zu sechs Millionen Arbeitslosen führten. Viele Ökonomen werfen Brüning daher vor, dass er mit seiner Politik die Krise noch verschärft habe, anstatt sie zu mildern, indirekt also zum Ende der Demokratie beigetragen habe.

Zwar gelang es Brüning noch, mit den ehemaligen Kriegsgegnern einen Verzicht auf die Reparationszahlungen auszuhandeln, doch bevor die Verträge unterzeichnet werden konnten, drängte der Reichspräsident den Reichskanzler zum Rücktritt. Auslöser des endgültigen Bruchs zwischen Hindenburg und Brüning war ein Plan der Regierung, Arbeitslose auf hoch verschuldeten Gütern im Osten Deutschlands anzusiedeln. Hindenburg, selbst ein ostdeutscher Junker, erklärte, dass er keine weiteren Notverordnungen mehr unterzeichnen werde. Am 30. Mai 1932 reichte Heinrich Brüning seinen Rücktritt ein. Sein Nachfolger wurde Franz von Papen, der mit einem »Kabinett der Barone« nur wenige Monate amtierte.

Nach seiner Entlassung lebte der unverheiratete Brüning, der in Berlin nicht einmal eine eigene Wohnung besaß, eine Zeit lang im katholischen St.-Hedwig-Krankenhaus. Um seiner drohenden Verhaftung zu entgehen, emigrierte er im Sommer 1934 über die Schweiz in die USA, wo er als Professor in Harvard Verwaltungswissenschaft lehrte. 1952 kehrte er für einige Jahre nach Deutschland zurück, konnte sich aber nicht mit der CDU Konrad Adenauers anfreunden. 1954 ging er erneut in die USA und arbeitete an seinen Memoiren, die erst nach seinem Tod im Jahr 1970 veröffentlicht wurden.

In seinen Memoiren beschreibt Brüning Strategien, mit denen er die Machtübernahme der Nationalsozialisten habe verhindern wollen, unter anderem die Einführung einer parlamentarischen Monarchie nach englischem Vorbild. Doch nicht einmal engste Mitarbeiter aus seiner Reichskanzlerzeit konnten sich erinnern, solche Pläne jemals mit Brüning diskutiert zu haben.

Als Ehrenbürger der Stadt Münster ist Heinrich Brüning auf dem Zentralfriedhof in der Nähe des Aasees beerdigt.

Kardinal von Galen

Den 1946 verstorbenen Bischof von Münster, Clemens August Graf von Galen, als Widerstandskämpfer gegen die Nationalsozialisten zu bezeichnen würde sicher jenen unrecht tun, die für diesen Widerstand ihr Leben einsetzten und oft genug mit demselben bezahlen mussten. Doch von Galen war der einzige hohe Geistliche im Dritten Reich und insbesondere der einzige katholische Bischof, der offen gegen die Nazis predigte. Dabei nahm er bewusst in Kauf, selbst verhaftet und in ein Konzentrationslager gesperrt zu werden. Dass man ihn verschonte, entsprang keiner Rücksicht, sondern politischem Kalkül. Hitler und Goebbels fürchteten, mit einer Verhaftung von Galens die katholischen Westfalen gegen sich aufzubringen.

Der Mut des Bischofs, sich mit dem Regime anzulegen, ist umso erstaunlicher, wenn man bedenkt, dass von Galen ein stockkonservativer, ja nationalistisch gesinnter Mann war, dem jedes liberale oder gar linke Gedankengut fernlag. Den Versailler Frieden am Ende des Ersten Weltkriegs lehnte er im Sinne der Dolchstoßlegende als Verrat ab, entsprechend skeptisch stand er der Weimarer Republik gegenüber. Sucht man eine Erklärung für von Galens Verhalten, findet man sie am ehesten in seinem Charakter. Von Freunden und Feinden wird der Löwe von Münster, wie er später genannt wurde, als ein bis zur Starrsinnigkeit selbstbewusster Mann beschrieben, der neben Gott und der Kirche keine andere Autorität gelten ließ.

1878 als elftes von dreizehn Kindern auf der Burg Dinklage geboren, brachte Clemens Augustinus Joseph Emmanuel Pius Antonius Hubertus Marie Graf von Galen (so sein vollständiger Name) schon als Jugendlicher die Lehrer zur Verzweiflung. Der Präfekt des Jesuiteninternats, in dem Clemens August unterrichtet wurde, schrieb an die Mutter des Schülers: »Die Hauptschwierigkeit (…) liegt in der vollständigen Unfehlbarkeit von Clemens. Um keinen Preis ist er dazu zu bringen zuzugestehen, dass er im Unrecht ist, es sind immer seine Professoren und Präfekten …«

Nach einem kurzen Aufenthalt an der Universität Freiburg entschloss sich von Galen, einer Traditionslinie der Familie zu folgen und Priester zu werden. Seitdem Christoph Bernhard von Galen, einer der Vorfahren Clemens Augusts, im 17. Jahrhundert als Fürstbischof von Münster amtiert hatte, war es Pflicht jeder Generation, mindestens einen kirchlichen Würdenträger hervorzubringen. So trat Clemens August als junger Kaplan in den Dienst seines Onkels, des münsterschen Weihbischofs Maximilian Gereon von Galen. In Berlin, seiner nächsten Station, lernte von Galen den Nuntius Eugenio Pacelli, den späteren Papst Pius XII., kennen und freundete sich mit ihm an. 1929 kehrte er nach Münster zurück, um als Stadtpfarrer in St. Lamberti zu predigen.

Seine Ernennung zum Bischof von Münster im Jahr 1933 verdankte von Galen mehreren glücklichen Umständen. Zwar stand sein Name auf der Vorschlagsliste, die das Domkapitel in Rom eingereicht hatte, doch nach einer negativen Beurteilung durch den Nuntius Orsenigo, der von Galen als herrisch und schulmeisterlich bezeichnete, nahm ihn der Vatikan nicht in die Wahlliste auf. Erst nachdem ein bereits gewählter und danach ein zweiter Kandidat zurückgezogen hatten, rückte von Galen nach – und wurde einstimmig gewählt.

In einem Hirtenbrief von 1934 kritisierte von Galen erstmals das »Neuheidentum« der NS-Ideologie, innerhalb der Bischofskonferenz wandte er sich gegen die Zurückhaltung, mit der seine Amtskollegen die neuen Machthaber gewähren ließen. Von seinen Anhängern verehrt, von den Nazis gehasst und im Nachhinein berühmt wurde von Galen jedoch endgültig, als er im Sommer 1941 in drei öffentlichen Predigten das Nazi-Regime scharf angriff. In seiner ersten

Predigt, am 13. Juli 1941 in St. Lamberti, verurteilte er die Beschlagnahmung von kirchlichem Eigentum und die Vertreibung von Geistlichen. In Bezug auf die staatliche Willkür sagte er: »Der physischen Übermacht der Geheimen Staatspolizei steht jeder deutsche Staatsbürger völlig schutzlos und wehrlos gegenüber ... Keiner von uns ist sicher (...), dass er nicht eines Tages aus seiner Wohnung geholt, seiner Freiheit beraubt, in den Kellern und Konzentrationslagern der Geheimen Staatspolizei eingesperrt wird.«

Eine Woche später, am 20. Juli 1941 in der Überwasserkirche, forderte von Galen zum passiven Widerstand auf. Da Christen keine Revolutionäre seien, müssten sie sich aufs Durchhalten verlegen: »Wir sind Amboss und nicht Hammer. (...) Der Amboss kann nicht und braucht nicht zurückzuschlagen; er muss nur fest, nur hart sein. Wenn er hinreichend zäh, fest, hart ist, dann hält meistens der Amboss länger als der Hammer.«

In seiner dritten Predigt, zwei Wochen später und wiederum in St. Lamberti, thematisierte von Galen die Ermordung psychisch Kranker. Er berichtete vom Abtransport der in Heil- und Pflegeanstalten untergebrachten Patienten, deren Angehörige kurz darauf Todesnachrichten bekämen. Er habe, so der Bischof, den »an Sicherheit grenzenden Verdacht, dass man dabei jener Lehre folgt, die behauptet, man dürfe sogenanntes ›lebensunwertes Leben‹ vernichten«. Da jede vorsätzliche Tötung Mord sei und sich sogar derjenige strafbar mache, der davon wisse, habe er bei der Staatsanwaltschaft und dem Polizeipräsidenten Strafanzeige erstattet. Man könne Menschen nicht mit alten Maschinen oder lahmen Pferden gleichsetzen, sagte von Galen weiter. Wenn man den Grundsatz aufstelle, dass man den unproduktiven Mitmenschen töten dürfe, dann sei keiner mehr seines

Lebens sicher. Und weil sich die Machthaber nicht nur über das Gebot »Du sollst nicht töten«, sondern auch über die anderen Gebote hinwegsetzten, müsse Ernst gemacht werden mit dem Wort »Lieber sterben als sündigen«.

Nachdem sich Abschriften der Predigten von Galens in ganz Deutschland und auch in den besetzten Gebieten verbreiteten, forderten hochrangige Nazis, darunter der Gauleiter von Münster, die Verhaftung des Bischofs. Propagandaminister Goebbels argumentierte dagegen, man dürfe keinen katholischen Märtyrer schaffen, im Falle einer Verhaftung könne man »ganz Westfalen« abschreiben. Mit Zustimmung von Hitler wurde die »Abrechnung« auf die Zeit »nach dem Endsieg« verschoben.

Wesentlich härter ging das Regime gegen jene vor, die von Galens Texte vervielfältigten. Etliche Geistliche wurden wegen dieses »Verbrechens« in Konzentrationslager eingeliefert oder zum Tode verurteilt.

Am 18. Februar 1946 erhob Papst Pius XII. Bischof von Galen in den Kardinalsrang. Kaum zurück in Münster, zwangen starke Bauchschmerzen den Kardinal ins Krankenhaus. Dort verstarb er ein paar Tage später an den Folgen eines Blinddarmdurchbruchs.

Das Grab des Kardinals in einer der Kapellen des Paulus-Doms entwickelte sich bald zu einer Pilgerstätte. Von der Einleitung des Seligsprechungsprozesses im Jahr 1956 bis zu seinem Abschluss vergingen dann allerdings knapp fünf Jahrzehnte. So blieb es Papst Benedikt XVI. überlassen, Clemens August Graf von Galen im Oktober 2005 seligzusprechen.

Ute Lemper

Münster hat viele berühmte Musiker hervorgebracht, aber nur einen Weltstar. Und wie es sich für einen Weltstar gehört, macht er – besser gesagt: sie – sich in der alten Heimat rar. 1963 in Münster geboren, trat Ute Lemper, gefeierter Musicalstar der Achtziger- und Neunzigerjahre, schon als Schülerin ans Mikro. Mit der Jazzrock-Formation Panama Drive Band stand sie im zarten Alter von fünfzehn auf den Bühnen von Jazzclubs und Bars.

Nach dem Abitur studierte Ute Lemper Bühnentanz in Köln und Schauspiel am renommierten Max-Reinhardt-Seminar in Wien. Mit Hauptrollen in den Musicals »Cats«, »Peter Pan«, »Der blaue Engel«, »Chicago«, »Cabaret« und »Starlight Express« feierte sie europaweit Erfolge, für ihre Leistungen in »Cabaret« und »Chicago« wurde sie in Frankreich und London mit Preisen ausgezeichnet. Neben ihrer Bühnenkarriere veröffentlichte sie mehr als zwanzig Tonträger (vor allem Brecht/Weill-Songs und französische Chansons), schrieb sie eine Autobiografie (»Unzensiert«, 1995) und spielte sie in zahlreichen Filmen mit. In Deutschland war sie allerdings nur in Nebenrollen zu sehen, wie in der ZDF-Serie »Das Erbe der Guldenburgs« (1987), Hauptrollen bekam sie in Frankreich, ihrem zeitweiligen Lebensmittelpunkt, so in »Schuldlos schuldig« von Marcin Ziebinski (1992) und »Der Mann im Lift« von Benoît Lamy (1997). Zuletzt spielte sie 2010 zusammen mit Isabella Rossellini und Claudia Cardinale in »Deauville«.

Heute lebt Ute Lemper mit ihren Kindern und dem Musiker Todd Turkisher an der Upper West Side von Manhattan. Und geht von dort aus regelmäßig mit ihren Bühnenprogrammen auf Welttourneen.

Titus Dittmann

Skateboardpapst ist der Beiname, der Titus Dittmann am häufigsten angehängt wird. Dittmann brachte Ende der Siebzigerjahre die ersten Skateboards nach Europa und machte den Sport, der eigentlich mehr ein Lebensstil sein will, diesseits des Atlantiks salonfähig. Nicht ganz uneigennützig, denn aus dem Handel mit den rollenden Brettern und der dazugehörigen Mode für die notorisch unangepassten Skater entwickelte sich in wenigen Jahren ein Millionengeschäft.

Bevor Titus, wie er in Münster schlicht genannt wird, zum Marktführer in Sachen Skateboarding aufstieg, studierte er an der Westfälischen Wilhelms-Universität Sport und Geografie. Die Fächerkombination lässt erahnen, dass Dittmann Sport- und Erdkundelehrer werden wollte. Tatsächlich absolvierte er beide Staatsexamen, der Titel der Arbeit zum Zweiten Staatsexamen weist jedoch bereits auf die Leidenschaft des Junglehrers hin: »Skateboarding im Schulsportunterricht?«

Vom US-amerikanischen Trendsport begeistert, reiste Dittmann regelmäßig nach Kalifornien und kaufte dort Boards und andere Skater-Artikel ein. 1980 eröffnete er in Münster den ersten deutschen Outdoor-Skatepark und machte mit dem Titus Show Team PR für den Sport und seinen ersten Laden Titus Rollsport. 1982 veranstaltete er auf der Halfpipe vor dem Ostbad den ersten Münster Monster Mastership, das von da an jährlich stattfindende, weltweit bedeutendste Skateboard-Turnier, das ab 1989 zur offiziellen Skateboard-Weltmeisterschaft erklärt wurde.

1988 wechselte das MMM in die Halle Münsterland. Und nicht alle Münsteraner waren begeistert von dem mehrtägigen Event, bei dem junge Männer aus der ganzen Welt über alles rollten, was irgendwie befahrbar war, und ihr Nachtlager gelegentlich entlang der Promenade aufschlugen. Nicht zuletzt wegen der öffentlichen Diskussion verlegte Titus die Skater-Weltmeisterschaft ab 1999 in die Dortmunder Westfalenhalle.

Seine Laufbahn als Studienrat hatte Titus Dittmann da schon längst an den Nagel gehängt und sich ganz auf das Geschäft mit den Skateboards konzentriert. Den goldenen Pionierjahren, in denen der Exlehrer den Markt allein beherrschte, folgte Ende der Achtzigerjahre ein erstes Abflachen des Skateboard-Booms. Dittmann sah sich gezwungen, das Unternehmen umzustrukturieren. Zusammen mit Partnern schuf er ein Unternehmensnetzwerk, das auf Läden in ganz Deutschland, Versandhandel und Franchising setzte. 2001 bekam Dittmann vom Manager-Magazin den Titel »Entrepreneur des Jahres« verliehen, 2002 betrieb die Titus AG dreißig Läden und beschäftigte fünfhundert Mitarbeiter.

Offenbar erfolgte die Expansion jedoch zu schnell, das Unternehmen geriet in eine existenzielle Krise, aus der es sich nur befreien konnte, weil Dittmann sein Privatvermögen einsetzte, um das Geschäft in Eigenregie und deutlich geschrumpft fortzusetzen. Zentrum der Aktivitäten ist nun wieder Münster, wo Titus 2001 das ehemalige Apollo-Kino am Marienplatz gekauft und zu einem Jugend-Lifestyle-Kaufhaus umgebaut hat.

Neben seinen Geschäftsaktivitäten engagiert sich Titus Dittmann nach wie vor für den Skateboardsport und für Jugendliche. So baute er 1993 eine leer stehende Fabrikhalle zum Jugendzentrum Skaters Palace um, in dem Kurse und Konzerte stattfinden. Und seine 2009 gegründete Stiftung skate-aid fördert Kinder- und Jugendprojekte in der ganzen Welt, bis nach Afghanistan.

Jürgen W. Möllemann

Postum ebenso umstritten wie Heinrich Brüning ist der zweite Politiker, der in Deutschland und Europa mit Münster in Verbindung gebracht wird. Im Gegensatz zu Brüning stammte Jürgen Wilhelm Möllemann jedoch nicht aus der Domstadt, blieb dafür zeit seines Politikerlebens Münster treu und behielt hier seinen ersten Wohnsitz.

In Augsburg 1945 geboren und am Niederrhein aufgewachsen, kam Möllemann zum Studium an die Pädagogische Hochschule Westfalen-Lippe, Abteilung Münster. Er absolvierte 1969 das Erste und 1971 das Zweite Staatsexamen, das ihn befähigt hätte, als Grund- oder Hauptschullehrer tätig zu werden. Tatsächlich stand Möllemann da längst der Sinn nach einer politischen Karriere, in der das Motto seiner Examensarbeit »Und wenn du glaubst, es geht nichts mehr, dann kommt von irgendwo ein Lichtlein her!« noch mehrfach Bedeutung bekommen sollte.

Die FDP, in der Möllemann bis zum Vizekanzler und Stellvertretenden Bundesvorsitzenden aufstieg, war allerdings seine zweite Wahl, zunächst gehörte er von 1962 bis 1969 der CDU an. Kritiker, über die der Liberale stets reichlich verfügte, interpretierten den Parteiwechsel nicht als Überzeugungstat, sondern unterstellten schlichtes Kalkül. In der personell dünnen FDP habe der Jungpolitiker die größere Chance gewittert, schnell nach oben zu kommen. Möllemann trat auch nicht allein in die FDP ein, sondern brachte ein paar Anhänger mit, mit denen er den münsterschen Ortsverband umkrempelte und sich selbst an die Spitze setzte.

Bereits 1972, im Alter von siebenundzwanzig Jahren, gelang ihm der Einzug in den Deutschen Bundestag, dem er mit einer kurzen Unterbrechung bis zu seinem Tod im

Jahr 2003 angehörte. Nach seiner ersten Wahl vergingen allerdings zehn lange Jahre, bis der nächste Karriereschritt erfolgte. 1982 holte ihn sein Mentor und großes Vorbild Hans-Dietrich Genscher endlich als Staatsminister ins Auswärtige Amt. 1987 wurde er unter Helmut Kohl Bundesminister für Bildung und Wissenschaft, und 1990 übernahm er das Bundesministerium für Wirtschaft. Als Genscher 1992 seinen Abschied nahm, fungierte Möllemann für kurze Zeit als Vizekanzler. Genauer gesagt bis zum Januar 1993, dem Zeitpunkt des ersten Absturzes. Möllemann hatte auf offiziellem Briefpapier des Wirtschaftsministeriums für eine Geschäftsidee des Cousins seiner Frau geworben. Die »Briefbogen-Affäre«, wie die Medien die Sache nannten, kostete ihn das Amt. Womöglich hat Möllemann den schnellen Rückzug später bereut, denn bei ähnlichen Affären, in denen Amtsinhaber wesentlich hartnäckiger an ihren Sesseln klebten, merkte er gelegentlich an, dass er wegen einer vergleichsweisen Lappalie zurückgetreten sei.

Weil er sich auch noch mit dem damaligen Parteivorsitzenden Klaus Kinkel überwarf, verlor Jürgen Möllemann zusätzlich seine Parteiämter. Allerdings nicht lange. Bereits 1996 war er wieder Landesvorsitzender der FDP in NRW. Und im Jahr 2000 brachte er die Liberalen mit einem fulminanten Wahlkampf und 9,8 Prozent Wählerstimmen zurück in den Landtag.

Möllemann wäre jedoch nicht Möllemann gewesen, wenn er sich mit der Landespolitik zufriedengegeben hätte. Er wollte wieder in Berlin mitmischen und entwarf zusammen mit dem früheren FDP-Bundesgeschäftsführer Goergen die »Strategie 18«, die die FDP zu einer Volkspartei machen sollte. Öffentlich unausgesprochen blieb, dass dies nur mit rechtspopulistischen Tönen gelingen konnte – nach Vorbild des Österreichers Jörg Haider, der die Schwesterpartei FPÖ über die Zwanzig-Prozent-Marke geführt hatte. (Manche vermuteten gar, schon die Zahl 18 sei ein Angebot an die rechte Szene gewesen, da dort die 18 für die Initialen Adolf Hitlers AH, dem ersten und achten Buchstaben im Alphabet, steht.)

Möllemann, inzwischen wieder Stellvertretender Bundesvorsitzender der FDP, überredete Parteichef Guido Westerwelle, beim Bundestagswahlkampf 2002 als Kanzlerkandidat anzutreten. Westerwelle konnte oder wollte jedoch nicht den rechten Populisten geben, die »Strategie 18« versandete auf Bundesebene als Gag, den sich Westerwelle für eine Talkshow auf die Schuhsohlen malte.

Anders in Nordrhein-Westfalen. Hier ließ Jürgen Möllemann ein Flugblatt an alle Haushalte verteilen, in dem mit offensichtlicher Anbiederung an antisemitische Vorurteile Stimmung gegen den israelischen Regierungschef Ariel Scharon und den deutschen Journalisten (und Vizepräsidenten des Zentralrats der Juden in Deutschland) Michel Friedman gemacht wurde.

Im »heute journal« rechtfertigte sich Möllemann mit den Worten: »Ich fürchte, dass kaum jemand den Antisemiten, die es in Deutschland gibt, leider, die wir bekämpfen müssen, mehr Zulauf verschafft hat als Herr Scharon und in Deutschland ein Herr Friedman mit seiner intoleranten und gehässigen Art.«

Paul Spiegel, der Präsident des Zentralrats der Juden, wies anschließend darauf hin, dass Möllemann mit seinen Äußerungen ein uraltes antisemitisches Klischee bedient habe, nämlich die Ansicht, »dass Juden durch ihre bloße Existenz oder Äußerungen selbst für den Antisemitismus verantwortlich« seien.

Während des Wahlkampfs stellten sich Westerwelle und die Parteispitze zunächst hinter Möllemann. Als das Wahlergebnis jedoch sehr bescheiden ausfiel und zudem bekannt wurde, dass das NRW-Flugblatt aus dubiosen Quellen finanziert worden war – das Geld stammte von einem Konto Möllemanns in Luxemburg, Parteimitarbeiter hatten es gestückelt und unter falschen Namen auf Parteikonten eingezahlt –, distanzierte sich der Parteichef von seinem Stellvertreter. Im März 2003 trat Möllemann aus der FDP aus, nachdem der Parteivorstand ein Ausschlussverfahren gegen ihn beschlossen hatte.

Das Luxemburger Konto und andere Vermögenswerte Möllemanns erregten nun auch die Aufmerksamkeit der Steuerfahnder, die ihm Steuerhinterziehung vorwarfen. Die Herkunft der Gelder blieb im Unklaren, nicht unwahrscheinlich ist, dass Möllemanns Kontakte als langjähriger Präsident der Deutsch-Arabischen Gesellschaft und seine mit Waffengeschäften im arabischen Raum in Verbindung gebrachte Firma WebTec dabei eine Rolle spielten.

Am 5. Juni 2003 hob der Deutsche Bundestag die Immunität des fraktionslosen Abgeordneten Jürgen W. Möllemann auf. Polizei und Staatsanwaltschaft standen bereit, um an verschiedenen Adressen Hausdurchsuchungen durchzuführen.

Am selben Tag startete Möllemann mit zehn Kameraden eines Fallschirmspringerclubs in der Nähe von Münster zu einem Sprung aus viertausend Metern Höhe. Möllemann war ein erfahrener Fallschirmspringer, schon in seiner Bundeswehrzeit hatte er den Fallschirmjägern angehört.

Auf die Frage der anderen, ob er mit ihnen einen Formationssprung, einen Sechserstern, machen wolle, antwortete Möllemann: »Ich springe heute einen Einzelstern.« Filmaufnahmen belegen, dass sich der Hauptschirm normal öffnete, dann aber von Möllemann abgetrennt wurde. Den Reserveschirm aktivierte er nicht, die Automatik, die dafür sorgt, dass sich der Reserveschirm bei einer bestimmten Höhe auch ohne Zutun des Springers öffnet, war ausgeschaltet. Der üblichen gegenseitigen Kontrolle des Notsystems hatte sich Möllemann dadurch entzogen, dass er vorgab, noch ein Glas Wasser holen zu wollen. Jürgen W. Möllemann schlug ungebremst auf den Boden auf und starb sofort.

Abgesehen von Möllemanns Verhalten in der Luft gab es keine mündlichen oder schriftlichen Hinweise auf einen Selbstmord. Die mit den Ermittlungen befasste Staatsanwaltschaft mochte daher weder ausschließen noch bestätigen, dass es sich um einen Unfall gehandelt haben könnte. Die in einschlägigen Kreisen kolportierte Verschwörungstheorie, Möllemann sei ermordet worden, kann jedoch als reines Fantasieprodukt abgehakt werden.

Götz Alsmann

Der bekannteste lebende Münsteraner schlechthin. Und ein bekennender dazu. Wenn Götz Alsmann irgendwo auftritt, versäumt er nicht, darauf hinzuweisen, dass er gerne in Münster lebt. Schon immer gelebt hat. Im Gegensatz zu den vielen Zugezogenen, die Münster als ihre zweite Heimat loben, ist Götz Alsmann ein Urmünsteraner. Und wenn Münster einen offiziellen Botschafter bräuchte, wäre Alsmann zweifellos die Idealbesetzung. Stets korrekt bis konservativ gekleidet, mit Maßanzug, Einstecktuch, Krawatte, glänzenden Lederschuhen und steiler Haartolle – so sieht man ihn nicht nur im Fernsehen und auf der Bühne, sondern auch wochentags auf dem Fahrrad in der Innenstadt.

Kaum vorstellbar, dass Götz Alsmann mal in einer Punk-band mitgespielt hat. In den Achtzigerjahren war das, im legendären Musikclub Odeon in der Frauenstraße, wo Alsmann ansonsten auch mit seinen Sentimental Pounders auftrat.

1985 landete er mit der Swingversion des Depeche-Mode-Titels »People are People« einen echten Hit, im selben Jahr promovierte er an der Westfälischen Wilhelms-Universität im Fach Musikwissenschaft. Der Titel seiner Doktorarbeit: »Nichts als Krach: Die unabhängigen Schallplattenfirmen und die Entwicklung der amerikanischen populären Musik 1943–1963«.

Die Musik der ersten Hälfte des 20. Jahrhunderts hat es ihm noch heute angetan. Mit seiner 1988 gegründeten Götz Alsmann Band und jazzigen Versionen deutscher Schlager steht er rund hundert Mal pro Jahr auf den Bühnen von Konzert- und Mehrzweckhallen. Ebenso unterhaltsam wie die Musik sind die Geschichten, die der scharfzüngige Entertainer dazwischenstreut.

Seinen Humor lieben oder fürchten gelernt haben inzwischen auch Hunderte von Prominenten in der Sendung »Zimmer frei«, die der WDR seit 1996 ausstrahlt. Der anhaltende Erfolg des Formats, das von Christine Westermann und Götz Alsmann moderiert wird und in dem sich Gäste bei einer Art Kindergeburtstag mit Selbstauskünften und Gesangseinlagen um ein WG-Zimmer bewerben, trägt nicht zuletzt Alsmanns Namen.

Und falls er gerade nicht auf der Konzertbühne oder im Fernsehstudio agiert, moderiert Alsmann Radiosendungen, spielt beim Musiktheater der Städtischen Bühnen in Münster mit oder spricht Hörbücher (»Die Feuerzangenbowle«, »Der Hund von Baskerville«).

Fast überflüssig zu erwähnen, dass Götz Alsmann schon jede Menge Preise kassiert hat. Nicht nur für seine musikalischen und Fernseh-Leistungen (Echo, Goldene Stimmgabel, Adolf-Grimme-Preis), sondern auch für sein Aussehen (Krawattenmann des Jahres, Brillenträger des Jahres).

Münster / Münsterland ist für mich ...

Prominente Zitate

»Münster ist für mich so irgendwie ›die beste aller Welten‹ (frei nach Voltaires Candide, nicht nach Leibniz).«
Julia Bolles-Wilson, Architektin (Stadtbücherei Münster)

»Münster ist für mich Heimat und idealer Ort, um Jugend und Hoffnung weltweit ins Rollen zu bringen.«
Titus Dittmann, Skateboardpapst und Gründer der skate-aid-Stiftung

»Münster ist für mich meine weltbeste Sophie, der ich aus aller Welt Briefe schreibe und zu der ich von all meinen Reisen zurückkehre.«
Hase Felix (übermittelt von seiner »Mutter« Annette Langen)

»Dass nach all den vielen Wilsbergs und Münster-Tatorten in dieser Stadt überhaupt noch jemand lebt, zeigt, was für zähe Knochen die Münsteraner sind.«
Götz Alsmann, Musiker, Entertainer, Moderator

»Das Münsterland ist harte Kost, Münster noch härtere. Wenn ich mir eine Portion Münster genehmige, wickle ich sie in wasserdichtes Münsterland ein und warte, bis die Sache weich und genießbar wird. Kann dauern.«
Otto Jägersberg, Schriftsteller (»Weihrauch und Pumpernickel«)

»Münster ist für mich eine Stadt, in der die Linien der Humanität und der Urbanität zusammenlaufen.«
Roland Kaiser, Sänger, Buchautor, lebt in Münster

»Münster ist für mich: Mit dem Fahrrad um die Promenade, eine Joggingrunde um den Aasee, frühstücken auf Münsters Markt – meine Heimat!«
Ingrid Klimke, Reiterin (Goldmedaille bei den Olympischen Spielen 2008)

»Münster ist für mich eine Stadt, die Zukunft aus Verwurzelung gestaltet.«
Markus Lewe, Oberbürgermeister von Münster

»Münster ist für mich Zuhause, schön, grün, lebenswert und liebenswert, und Münster ist für mich eine mittelgroße Stadt mit Hang zum langweiligen, manchmal arroganten Mittelmaß.«
Nikola Materne, Sängerin, Songwriterin, kam von Steinfurt nach Münster

»Wer das Münsterland nicht kennt, hat nicht die ganze
Welt gesehen.«
Markus Paßlick, Percussionist und Autor

»Münster ist für mich der Ort, an dem die junge Malerin
vom Hawerkamp, der Kartoffelbauer auf dem Wochenmarkt und der verschnarchte Finanzbeamte gleichermaßen
ihr Glück finden können.«
*Adam Riese, Showmaster und Autor (»Das Münsterbuch – Der
Stadtführer«)*

»Münster ist nicht mehr die provinzielle, etwas verschla-
fene und gleichzeitig bierselige Kneipenstadt meiner Pen-
näler- und Studentenzeit in der Mitte des vorigen Jahrhunderts. Wenn ich heute Münster besuche, treffe ich
viele quicklebendige, frische junge Leute und aufgeschlos-
sene Menschen aller Altersgruppen.«
*Peter Schamoni, Regisseur und Filmproduzent (»Alle Jahre wie-
der«)*

»Das Münsterland ist für mich durch mein ›zweites‹ Leben
als ›Marga Krone‹ auch zur zweiten Heimat geworden.«
Marga Spiegel, überlebte als Jüdin den Nationalsozialismus
dank der Hilfe münsterländischer Bauern

»Münster ist für mich … jovel.«
*Steffi Stephan, Musikhallenbetreiber und Musiker (Udo Linden-
bergs Panikorchester)*

Vom Hochstift bis zum Schneechaos

Eine ganz kurze Geschichte des Münsterlandes

Je nachdem, ob man es historisch oder verwaltungstechnisch sieht, ist das Münsterland ein Überbleibsel des Fürstbistums Münster oder ein Zusammenschluss der vier Landkreise Warendorf, Steinfurt, Coesfeld und Borken mit der »Hauptstadt« Münster in der Mitte. Auf einer Fläche von knapp 6000 Quadratkilometern leben etwa 1,6 Millionen Menschen. Das Münsterland bildet den nordwestlichen Zipfel des Bundeslandes Nordrhein-Westfalen, die Münsterländer selbst sind Westfalen, genauer gesagt: westliche Westfalen. Das erklärt die erheblichen Mentalitätsunterschiede nicht nur zu den ewig fröhlichen Rheinländern und den geradeheraus redenden Menschen im Ruhrgebiet, sondern auch zu den Ostwestfalen in der Gegend um Bielefeld. Zwischen Münster und Bielefeld liegen zwar lediglich achtzig Kilometer Luftlinie, doch die Straßen- und Zugverbindungen sind derart verschlungen und kompliziert, dass kaum jemand die Reise von der einen Stadt in die andere freiwil-

lig auf sich nimmt. Falls man Zeugen für die »Bielefeld-Ver-
schwörung« (die These, dass Bielefeld in Wirklichkeit gar
nicht existiert) sucht, findet man sie daher zuerst im Münsterland.

Doch zurück zu den Fakten. Geografisch gilt das Münsterland als nördlicher Teil der Westfälischen Bucht, im Nordosten bildet der Teutoburger Wald die Grenze, im Westen
reicht das Münsterland bis fast an den Rhein, im Süden
bis zur Lippe. Von der niederländischen Grenze im Nord-
westen dehnt sich das Münsterland bis zu den Ausläufern
des Ruhrgebiets im Süden. Und nicht immer entsprechen
die Verwaltungsgrenzen dem historischen Zugehörigkeits-
gefühl. Etliche Städte und Gemeinden, die heute zu den
Kreisen Recklinghausen oder Gütersloh gehören, möchten
am liebsten wieder Teil des Münsterlandes sein. Das Tecklenburger Land hingegen, als evangelische Grafschaft schon
immer nach Osnabrück orientiert, hat sich nur widerwillig
dem Kreis Steinfurt zuschlagen lassen.

Wie entstand das Münsterland?

Wenn man ein Datum festlegen will, an dem das Münsterland auf der Landkarte erschien, dann eignet sich dafür am
besten das Jahr 1180.

Nach dem Sturz des Sachsenherzogs Heinrich und der
Zerschlagung seines Herzogtums erhielt der Bischof von
Münster, Hermann II. von Katzenelnbogen, die Rechte
über ein Gebiet, das in etwa dem heutigen Münsterland
entsprach. Das Oberstift Münster war allerdings nur ein Teil
des Fürstbistums Münster, zu dem auch noch ein ungefähr
gleich großes Niederstift (im Emsland) gehörte.

In den folgenden Jahrhunderten kauften oder eroberten die Fürstbischöfe immer mal wieder kleinere Grafschaften und Ämter hinzu, insgesamt blieb das Oberstift Münster jedoch bis zum Jahr 1802 relativ stabil. Die gewählten Fürstbischöfe konnten sich im Ständestaat vor allem auf die loyalen Adeligen stützen. Zu deren eigenem Vorteil, wovon die zahlreichen Schlösser und Wasserburgen des Münsterlandes zeugen.

Während des Dreißigjährigen Krieges (1618–1648), der in Münster mit dem Westfälischen Frieden beendet wurde und die Stadt daher weitgehend von Kriegshandlungen verschonte, zogen marodierende Söldnerheere verschiedener Kriegsparteien durch das Münsterland. Plündernd und niederbrennend verbreiteten die Söldner in vielen Städten Furcht und Schrecken.

1802 kamen dann die Preußen, die im Zuge der Napoleonischen Kriege Münster besetzten. Das Fürstbistum Münster wurde säkularisiert, ein Teil des Münsterlandes fiel an das Fürstenhaus Salm-Salm, andere Gebiete gingen an das Großherzogtum Berg und das Herzogtum Arenberg. 1810 annektierte Frankreich das Münsterland, und 1815, nach dem Wiener Kongress, übernahmen wieder die Preußen, die das Münsterland als Bestandteil der Provinz Westfalen von Münster aus verwalteten. Erst 1945, nach dem Zweiten Weltkrieg, mischten die Besatzungsmächte die Länderkarten neu, und das Münsterland ging in dem aus der Taufe gehobenen Bundesland Nordrhein-Westfalen auf.

Das Münsterland heute

Mit zweihundertdreiundachtzigtausend Einwohnern ist Münster die einzige Großstadt des Münsterlandes, auf immerhin fünfzig- bis achtzigtausend Einwohner kommen Rheine, Ahlen, Bocholt, Ibbenbüren, Dülmen und Gronau. Vor allem die Städte im Norden des Münsterlandes verdanken ihre Größe der Textilindustrie, dem einst dominierenden Wirtschaftszweig. Mitte der Siebzigerjahre, als Importe aus Asien den Markt überschwemmten, geriet die Textilproduktion in eine Krise, die Zehntausende von Arbeitsplätzen kostete. Leer stehende oder umgenutzte Industriegebäude im niederländischen Renaissancestil prägen bis heute die Stadtbilder von Ochtrup und Gronau.

Trotz des ländlichen Charakters arbeiten im Münsterland lediglich 1,5 Prozent der Beschäftigten in der Landwirtschaft. Klein- und Mittelbetriebe dominieren die Wirtschaftsstruktur und behaupten sich besser gegen Krisen als die großen Industrieräume an Rhein und Ruhr. So liegt die Arbeitslosenquote im Münsterland stetig unter dem nordrhein-westfälischen Durchschnitt. Auch aufgrund des Wirtschaftszweiges Tourismus: Das Münsterland bietet Rad-, Wander- und Reiturlaube – und jede Menge Sehenswürdigkeiten.

Nur die Natur und die Versäumnisse der Stromwirtschaft schafften es, dem Münsterland negative Schlagzeilen anzuhängen. Im November 2005 verursachte besonders heftiger und feuchter Schneefall das Münsterländer Schneechaos. Tonnenschwer hatte sich der Schnee auf die Überlandleitungen gelegt und reihenweise Strommasten umgeknickt. Im nördlichen Münsterland gingen daraufhin die Lichter und Heizungen aus, viele Menschen mussten tagelang bei Kerzenschein und Kälte ausharren.

Lob der Ebene

Parklandschaft Münsterland

Betrachtet man das Münsterland von oben, zum Beispiel aus einem Sportflugzeug oder einem Heißluftballon, bekommt man einen sinnlichen Eindruck von dem, was in allen Reiseführern Parklandschaft genannt wird: Äcker, Weiden, kleine Wäldchen, einzelne Gehöfte und Dörfer, Wallhecken und Bachläufe wechseln sich so regelmäßig ab, dass ein Gesamtbild entsteht. Ein Park, den niemand geplant hat.

Eine »Plusminusnull-Landschaft«, nennt der münstersche Schriftsteller Burkhard Spinnen das oder einfach nur »normal«: »Die Landschaft hier forderte nichts von mir, und das gab ich ihr gerne.« Nach jahrelangen Radexkursionen und eingehender Selbstprüfung entschloss sich Spinnen dann doch, die Parklandschaft schön zu finden, »als genau die Mischung aus schierer Natur und menschlicher Maßnahme, die so wenig wie möglich Aufmerksamkeit fordert und vielleicht von daher signalisiert, dass sie vollständig gelungen ist.« (»Deutsche Landschaften«, hrsg. von Thomas Steinfeld)

Überwältigende Naturereignisse wird man im Münsterland jedenfalls vergeblich suchen, weder große Gewässer
noch steile Berghänge oder eine wuchernde Flora können
Reisende anlocken. Wer allerdings nicht auf Gebirge oder
Meeresküsten angewiesen ist und – wie die meisten Einheimischen – den unverstellten Blick auf den Horizont zu
schätzen weiß, der darf sich im Münsterland durchaus wohl-
fühlen. Und ganz ohne besondere Naturreize kommt auch
das Münsterland nicht aus.

Venne, Flamingos und andere seltene Vögel

Venne, wie die Moore im Münsterland genannt werden,
haben sich nach dem Ende der Torfstecherei in etlichen
Gegenden zu Naturschutzgebieten entwickelt, in denen
seltene Vogel- und Insektenarten heimisch geworden sind.
Ganz in der Nähe von Münster, zur Ortschaft Senden gehörig und am Dortmund-Ems-Kanal gelegen, befindet sich
das Venner Moor (eine scheinbare Namensdoppelung, die
sich daraus erklärt, dass das Moor an den Weiher Venne
grenzt). Auf sechsundneunzig Hektar hat man eine Rekulti-
vierung der ursprünglichen Moorlandschaft versucht, inklusive gefährlicher Schmatzgeräusche, die immer dann entste-
hen, wenn man einen Schritt von den befestigten Wegen
abweicht. Im Venner Moor sieht oder hört man Baumfalken,
Mittelspechte, Waldwasserläufer, Zwergtaucher, Krickenten
und Schwarzspechte. Angeblich (obwohl ich trotz häufiger
Spaziergänge nie eine zu Gesicht bekommen habe) leben
hier auch giftige Kreuzottern.
    Ebenfalls ein Vogelparadies sind die Rieselfelder im Nor-
den von Münster. Wie der Name schon andeutet, dienten

die Flächen früher zur Klärung von Abwässern. Das wiederum lockte jede Menge Vögel (darunter viele bedrohte Arten) an, sodass Ornithologen und Naturschützer bereits 1968 die Biologische Station Rieselfelder Münster gründeten. Als 1975 eine neue Großkläranlage die Rieselfelder überflüssig machte, pachtete das Land NRW einen Teil der Fläche und erklärte ihn zum Naturschutzgebiet. Inzwischen sind die Titel »Europareservat« und »Feuchtgebiet internationaler Bedeutung« hinzugekommen, die zum Anwachsen der Gesamtfläche auf 4,5 Quadratkilometer beitrugen. Aus Vogelschutzgründen sind nicht alle Gebiete zugänglich, allerdings kann man aus Beobachtungshütten oder von einem zwölf Meter hohen Turm aus Blicke auf Grünschenkel, Rohrweihen, Teichrohrsänger oder Rohrammern werfen.

Eine Vogelart, die man in diesen Breiten nicht erwarten würde, hat sich ganz im Westen des Münsterlandes, im Zwillbrocker Venn bei Vreden angesiedelt: Flamingos. Präzise gesagt: Rosa- und Chileflamingos. Rund vierzig Tiere haben das ehemalige Torfmoor zu ihrem Brutgebiet erkoren. Und auch im Zwillbrocker Venn gibt es eine Biologische Station, Aussichtsplattformen und Rundwanderwege.

Abgesehen von Vögeln hat das Münsterland noch andere interessante Tiere zu bieten. Wildpferde zum Beispiel, im Merfelder Bruch bei Dülmen. Aber darauf kommen wir später zurück.

Und doch: Berge

Obwohl das Münsterland ja gemeinhin als flach gilt, erheben sich doch gelegentlich einzelne Hügel aus der Tiefebene.

Und weil für die Münsterländer derartige Erdformationen so ungewöhnlich sind, nennen sie sie gleich »Berge«. Westlich von Münster, zwischen Roxel, Havixbeck und Nottuln erstrecken sich die Baumberge, immerhin die erste nennenswerte Erhebung, wenn man sich von der niederländischen Nordseeküste gen Osten bewegt. Der höchste Berg der Baumberge ist der Westerberg mit hundertsiebenundachtzig Metern, dicht gefolgt vom Hoheberg (!) mit hundertzweiundachtzig Metern.

Aus den Baumbergen stammt der schon erwähnte blassgelbe Baumberger Sandstein, der für viele repräsentative Bauten in Münster und dem Münsterland verwendet wurde. Auch bei Bildhauern war das weiche Material beliebt. Etliche Skulpturen sowie Hintergründiges über die Arbeit von Steinbrechern und Steinmetzen zeigt das kleine, in einem Bauernhof untergebrachte Baumberger-Sandstein-Museum in Havixbeck.

Im 19. Jahrhundert waren Wanderfreunde, vorwiegend aus Münster, so begeistert von den Baumbergen, dass sie Geld für einen Aussichtsturm sammelten, der einen noch schöneren Blick über die Landschaft erlauben sollte. 1901 konnte der Longinusturm, gebaut aus Baumberger Sandstein im damals aktuellen wilhelminischen Historismus, auf dem Plateau des Westerbergs eröffnet werden.

Seinen Namen hat der Turm nicht von einem germanischen Feldherrn, sondern vom Begründer des »Baumberge-Vereins« und Initiator des Turmbaus Friedrich Westhoff, der wegen seiner Körpergröße Longinus genannt wurde. Noch vor Fertigstellung des Turms musste Longinus seine Wanderleidenschaft allerdings mit dem Tod bezahlen, er stolperte über einen verrosteten Stacheldraht und starb an Wundstarrkrampf.

Seit Mitte des 20. Jahrhunderts sieht der Longinusturm so aus, als wäre auf seiner Spitze ein UFO gelandet. Die Bundespost setzte einen runden Aufbau auf die Aussichtsplattform und nutzte den Turm als Relaisstation und zeitweise als Fernsehsender. 1979 geriet der Turm sogar bundesweit in die Schlagzeilen, als Rechtsradikale versuchten, ihn in die Luft zu sprengen. Sie wollten damit die Übertragung der Fernsehserie »Holocaust« (über die Ermordung der Juden in der Nazizeit) stören, hatten aber übersehen, dass neben dem Longinusturm längst ein moderner Fernsehsendemast gebaut worden war.

Wer nun Lust bekommen hat, sich die Baumberge und den Longinusturm anzuschauen, der sollte anschließend noch einen Abstecher zum historischen Ortskern von Nottuln machen. Nach einem verheerenden Brand im Jahr 1748 wurde der berühmte Barockbaumeister Johann Conrad Schlaun damit beauftragt, ein komplettes Gebäudeensemble zu entwerfen.

Außer den Baumbergen gibt es noch weitere »Berge« im Münsterland: den Mackenberg (hundertdreiundsiebzig Meter) bei Beckum und den Schöppinger Berg (hundertsechsundvierzig Meter) neben dem gleichnamigen Dorf. Und im Nordosten, am Rande des Münsterlandes, läuft ein veritables Mittelgebirge aus: der Teutoburger Wald. Sein Westerbecker Berg bei Lienen ist mit zweihundertsechsunddreißig Metern über Normalnull zugleich die höchste Erhebung des Münsterlandes. Die Dörenther Klippen in der Nähe von Ibbenbüren, ebenfalls zum Teuto gehörig, warten dann noch mit einem echten Naturschauspiel auf: dem Hockenden Weib. Zu dem Felsgebilde, das einem menschlichen Wesen ähnelt, gehört eine Sage, die von einer heldenhaften Frau handelt. In der Legende reichte das Meer noch bis an die Klippen, und eine Mutter rettete ihre Kinder vor einer schnell steigenden Flut, indem sie die Kleinen auf ihre Schultern hob. Als das Meer endlich zurückwich, war die im Wasser hockende Frau zu Stein erstarrt, die Kinder konnten jedoch gerettet werden.

Auf dem Hollandrad durchs Münsterland

Alle Berge, die sich im Münsterland auftürmen, sind allerdings auch von Nichtalpinisten gut zu bewältigen. Sogar auf dem Fahrrad, dem beliebtesten Fortbewegungsmittel nicht nur der Münsterländer, sondern inzwischen vieler Touristen. Etwa ein Drittel aller Übernachtungen im Münsterland werden von Radtouristen gebucht, das gemächliche Tempo der Hollandräder scheint die richtige Methode zu sein, um Land und Sehenswürdigkeiten kennenzulernen.

Die Region ihrerseits hat eine Menge dafür getan, das zweirädrige Reisen so bequem wie möglich zu gestalten. Überall kann man Fahrräder ausleihen, es gibt gut ausgebaute Pättkes, wie Fahrradwege hier genannt werden. Ausgeschilderte Pättkestouren, die in machbare Tagesabschnitte unterteilt sind, führen entlang landschaftlicher oder kulturhistorischer Besonderheiten, die entsprechend erklärt werden. Radlerfreundliche Unterkünfte, erkennbar an bunten Radlerplaketten, werben mit speziellem Service, von der Radwerkstatt bis zum Radlerfrühstück. Die neueste Entwicklung stellen Linkboxen am Wegesrand dar, die sich mit einem Fotohandy aktivieren lassen und Informationen zur jeweiligen Sehenswürdigkeit auf das Handy-Display schicken.

Insgesamt durchziehen viertausendfünfhundert Kilometer Radwege das Münsterland. Die Themenrouten, für die es spezielles Kartenmaterial gibt, sind durch Symbole auf den Schildern gekennzeichnet, ein stilisiertes Burgtor steht beispielsweise für die »100 Schlösser Route«. Aber auch diejenigen, die sich mit einem Tagesausflug begnügen wollen, können jederzeit einer Rundwege-Wabe folgen, die sie zu ihrem Ausgangspunkt zurückbringt.

Als Viertagestour konzipiert ist der Ems-Auen-Weg, der von Warendorf nach Rheine entlang der hier noch nicht schiffbaren Ems führt. Am Wegesrand liegen Attraktionen wie die Vohrener Dünen, der Wallfahrtsort Telgte und die münsterschen Rieselfelder. Mit zweihundert Kilometern fast doppelt so lang und wegen der hügeligen Strecke mittelschwer eingestuft, lenkt die »Sagenroute« die Radfahrer von Ibbenbüren aus vorbei an Moorlandschaften wie der Hexenküche und dem Heiligen Meer, streift die historischen Stadtkerne von Bad Iburg, Lienen und Tecklenburg, um wieder in Ibbenbüren zu enden. Die »Naturpark Hohe Mark Route« von Haltern am See bis Isselburg (und gegebenenfalls über Bocholt und Dülmen wieder zurück) verspricht dagegen ausschließlich plattes Land mit ausgedehnten Wald- und Heidegebieten, zwischen denen etliche Wasserschlösser und Museen zu besichtigen sind.

Der Klassiker unter den Radtouren im Münsterland bleibt jedoch zweifellos die »100 Schlösser Route«. Tatsächlich sind es sogar mehr als hundert Schlösser, Burgen und Herrensitze, die in Sichtweite der Fahrradstrecke liegen. Und obwohl die Gesamtroute im Jahr 2007 von tausendvierhundert auf neunhundertsechzig Kilometer verkürzt wurde, lässt sie sich kaum in einem Fahrradurlaub bewältigen. Deshalb hat man sie noch einmal in vier einzeln fahrbare Runden (Nord, Ost, Süd und West) unterteilt, die zwischen hunderteinundneunzig und dreihundertdreiundzwanzig Kilometer lang sind. Da bei manchen Schlössern ein flüchtiger Blick reicht, sich bei anderen hingegen eine Besichtigung zwingend empfiehlt, verraten die Karten auch, wann es sich lohnt, einen Stopp einzulegen. Womit wir bei der Frage wären, wo die schönsten Wasserburgen und -schlösser des Münsterlandes stehen. Die Antwort gibt es im nächsten Kapitel.

Burgen, Schlösser, Herrenhäuser

Im Münsterland stehen die Adelssitze meist im Wasser

Die Ursprünge vieler Wasserschlösser des Münsterlandes reichen zurück bis ins ausgehende Mittelalter. Zu jener Zeit
hatten Burgen rein gar nichts Glamouröses, sie dienten mit
ihren Wällen, Türmen und Schießscharten schlicht als Fes-
tungen gegen anrückende Feinde. Und da man sich auf
Bergspitzen weitaus besser verteidigen konnte als in der flachen Ebene, entstanden Burgen zumeist auf den höchsten
behaubaren Plateaus der Umgebung.

Im traditionell flachen Münsterland behalf man sich mit
Motten (von franz. motte = Erdklumpen), vorwiegend in
Holzbauweise errichteten, turmförmigen Burgen, die auf
künstlich angelegte Hügel gesetzt wurden. Aber so richtig
abschreckend wirkten die Motten nicht. Da kam im 13. Jahrhundert ein Burgherr auf die Idee, sich durch eine Gräfte,
einen Wassergraben, zu schützen. Das Konzept der Wasserburg setzte sich bald im ganzen Münsterland durch. Mithilfe
von Stauanlagen, Wehren und angezapften Wasserläufen ver-

schanzten sich die Adeligen hinter Wasser, das nur auf einer Zugbrücke überquert werden konnte.

Angenehmer wurde das Burgleben dadurch trotzdem nicht. Ulrich von Hutten, Ritter und Burgbewohner, beschreibt im Jahr 1518 seinen Alltag: »Sie [die Burg, J.K.] ist von Mauern und Gräben umgeben, innen ist sie eng und durch Stallungen für Vieh und Pferde zusammengedrängt. Daneben liegen dunkle Kammern, vollgepfropft mit Geschützen, Pech, Schwefel und sonstigem Zubehör für Waffen und Kriegsgerät. Überall stinkt es nach Schießpulver; und dann die Hunde und ihr Dreck, auch das – ich muss es schon sagen – ein lieblicher Duft!«

Neue Wasserburgen wurden immerhin etwas großzügiger geplant. Es gab die Hauptinsel mit dem Palas, in dem die Herrschaft wohnte. Und daneben eine zweite Insel, die Vorburg, auf der die Häuser des Gesindes und die Stallungen standen. Zudem legte man schwimmende Gärten an, in denen Gemüse angepflanzt wurde – um notfalls auch eine längere Belagerung überstehen zu können. Nicht zuletzt waren die Burgen Wirtschaftsbetriebe, der niedere Adel hatte keine anderen Einnahmen als Ackerbau und Viehzucht. Von daher unterschieden sich kleinere Herrenhäuser nur graduell von den später zahlreich entstehenden, großen Gräftenhöfen der reichen Bauern.

Die sich entwickelnde Kriegstechnologie machte den Festungscharakter der Burgen zunehmend überflüssig. Wälle und Mauern schützten nicht länger vor der Durchschlagskraft der Kanonen. Man begann, die Außenmauern abzureißen, die Fenster zu vergrößern und die Anlagen insgesamt offener zu gestalten. Wohnkomfort zählte jetzt mehr als militärische Nützlichkeit. Zumindest bei den Wasserburgen. Die Bergburgen standen dagegen auf verlorenem Posten, sie waren kalt, zugig und der Platz reichte nicht, um sie repräsentativer umzubauen. Die Ritter, Barone und Grafen der Bergburgen zogen lieber in die wärmeren Täler oder in die Städte. So verkamen die Bergburgen zu Ruinen, während sich die Wasserburgen langsam in Schlösser verwandelten.

Für Schlossbaukunst gab es im 17. und 18. Jahrhundert in ganz Europa nur ein Vorbild: Versailles. Ein Stück vom Prunk und Glanz des französischen Königsschlosses wünschte sich wohl jeder Adelige des Münsterlandes. Doch da die finanziellen Mittel in den seltensten Fällen für einen Neubau reichten, musste man sich damit begnügen, die alten Wasserburgen zu verschönern. Entstanden ist dabei ein bunter Stilmix, je nach Kassenlage und architektonischem Wagemut. Auf die alten Befestigungsanlagen setzte man Haubentürme, barocke Giebel und Portale verdeckten den Bergfried, das massive Bollwerk der mittelalterlichen Burg. All die verschiedenen Larvenstadien von der Burg zum Schloss lassen sich im Münsterland bewundern. Hier die schönsten Beispiele.

Burg Vischering

Von allen Wasserburgen des Münsterlandes am originalsten sieht Burg Vischering bei Lüdinghausen aus. Zwar hat auch sie eine gründliche Renovierung erfahren, sind Fenster in die dicke Ringmauer gesetzt und Renaissanceerker angebaut worden, trotzdem kann man den Grundriss und die Wehrhaftigkeit der mittelalterlichen Burg noch gut erkennen.

Dabei ist Burg Vischering bei Weitem nicht die älteste Burg des Münsterlandes. 1271 erstmals erwähnt, wurde sie von Münsters Bischof Gerhard von der Mark erbaut. Der Landesherr wollte damit die Herren von Lüdinghausen beeindrucken, die über gleich zwei Burgen im Ort verfügten und dem Bischof Ärger machten. Bis 1521 diente die Burg als reines Verteidigungsbauwerk, das der Bischof einem Verwalter, dem Drosten zu Vischering, überließ. Nach einem Brand erfolgte der Wiederaufbau mit Renaissanceelementen, die Inneneinrichtung bekam einen herrschaftlicheren Charakter. Man verzichtete auch auf den Bergfried, den panic room des Mittelalters, vom massiven Turm im Innenhof der Burg ist nur noch ein gepflasterter Kreis erhalten. Ansonsten entspricht Burg Vischering mit ummauerter Hauptburg, Vorburg für die Wirtschaftsgebäude, Gräften, die aus dem Flüsschen Stever gespeist werden, und Zugbrücken dem Urbild der münsterländischen Wasserburg.

Als Ausflugziel eignet sich Burg Vischering auch deshalb, weil man sie besichtigen und einen Eindruck vom Leben des Mittelalters und der frühen Neuzeit bekommen kann. Die Burg beherbergt heute ein Museum, eine Ritterausstellung für Kinder und ein Restaurant.

Und wenn man schon mal in Lüdinghausen ist, kann man gleich noch einen Blick auf die nur wenige Kilometer entfernte Burg Lüdinghausen werfen. Die Burg geht auf Karl den Großen zurück, der sie einst für Bischof Liudger baute, sie ist also rund vierhundertfünfzig Jahre älter als Burg Vischering. Erhalten blieb von der ursprünglichen Anlage allerdings nichts, der heutige Südflügel stammt aus dem 16., der Nordflügel aus dem 19. Jahrhundert. Nach dem Aussterben derer von Lüdinghausen fiel die Burg 1443 an den Bischof von Münster, der sie sechzig Jahre später dem Domkapitel übergab. 1803 übernahmen die Preußen, die die Burg verkauften. Zwischen 1869 und 1972 diente die Anlage als Landwirtschaftsschule, heute wird sie für Konzerte, Ausstellungen und Ratssitzungen genutzt.

Schloss Nordkirchen

Am weitesten von der ursprünglichen Burganlage entfernt hat sich Schloss Nordkirchen bei Nordkirchen, das wegen seiner Größe und Pracht konsequenterweise als »Westfälisches Versailles« bezeichnet wird. Auf der Entwicklungsskala von der Burg zum Schloss stellt Schloss Nordkirchen damit den Gegenpart zu Burg Vischering dar.

Aber auch Schloss Nordkirchen ist aus einer Wasserburg entstanden, erkennbar an dem doppelten Gräftensystem, das das Schloss umgibt. Die Herren von Morrien, Besitzer der Ortschaft Nordkirchen und eines befestigten Hauses, ließen sich um 1530 eine neue Wasserburg bauen – und verlegten deshalb das ganze Dorf samt Kirche und Friedhof. Ende des 17. Jahrhunderts starben die Morriens aus und Fürstbischof Friedrich Christian von Plettenberg kaufte die Burg. Nicht um sie zu nutzen, sondern um an ihrer Stelle ein komplett neues Schloss zu errichten. Mit der Planung beauftragte er den Baumeister Gottfried Laurenz Pictorius, dessen Werk setzten Peter Pictorius der Jüngere und ab 1723 Johann Conrad Schlaun fort. Der Fürstbischof war schon 1706 gestorben, an seine Stelle trat sein Neffe Ferdinand von Plettenberg, als Erster Minister des Fürstbistums ebenso einflussreich und begütert wie sein Onkel.

Entstanden ist ein Prunkbau im Barockstil, an dem noch bis ins 20. Jahrhundert Ergänzungen vorgenommen wurden. Unübersehbar sind die niederländischen und – natürlich – französischen Vorbilder, westfälisch geerdet, wie das nun mal Schlauns Art war. Fast genauso beeindruckend wie das Schloss selbst ist der hundertsiebzig Hektar große Schlosspark mit der Venusinsel innerhalb der Gräfte. Kastanienalleen strukturieren den im französischen Stil gestalteten Park, den Hunderttausende von Buchsbäumchen und dreihundertfünfundachtzig Skulpturen zieren.

Noch vor Fertigstellung der Anlage fiel Bauherr von Plettenberg 1734 in Ungnade und musste auswandern, erst 1806 kehrte seine Familie zurück. 1833 heiratete der ungarische Graf von Esterhazy eine von Plettenberg und übernahm das Schloss.

1903 kaufte es ein Herzog von Arenberg, und seit 1958 gehört es dem Land Nordrhein-Westfalen, das es als Fachhochschule für Finanzen nutzt. Trotzdem sind Teile des Gebäudes sowie der Park für die Öffentlichkeit zugänglich.

Burg Anholt

Die in den Augen vieler Betrachter (auch meiner) schönste Mischung von Burg und Schloss steht im äußersten Westen des Münsterlandes: Burg Anholt bei Isselburg, nur wenige Kilometer von der niederländischen Grenze entfernt. Der Einfluss der Niederlande ist deutlich spürbar, den Burgmauern haftet eine Leichtigkeit an, über die münsterländische Burgbauten sonst nicht verfügen. Und schaut man nur auf die weißen Zugbrücken, wähnt man sich längst mitten in Holland.

In der Tat gehörte die Burg einst zum Einflussgebiet des Bischofs von Utrecht, der sie im 12. Jahrhundert einem Herrn von Zuylen als Lehen überließ. Über die Herren von Gemen und Bronckhorst-Batenburg fiel die Burg Anholt 1647 an den Wild- und Rheingrafen Leopold zu Salm. Nach Vereinigung zweier Linien stieg die Familie zum Fürstenhaus Salm-Salm auf, dem die Anlage noch heute gehört (und auch teilweise als Wohnhaus dient).

Von der mittelalterlichen Burgfestung erhalten blieb der Dicke Turm, wie der Bergfried hier genannt wird. Ursprünglich lag sein Eingang in sieben Metern Höhe und war nur über eine Strickleiter zu erreichen, darunter befand sich das fensterlose Verlies, dessen Schrecken man sich bei einer Besichtigung ausmalen kann.

Ungefähr um 1700 bekam der Dicke Turm eine barocke Haube. In dieser Zeit wurde die Burg komplett umgebaut. Auf die ovale Ringmaueranlage der Oberburg (Hauptinsel) setzte man einen vierflügeligen Schlossbau im Barockstil. Die Vorburg erhielt nach den Plänen des italienischen Architekten Tommasso Tommassini einen Dreiflügelbau, in dem heute ein Hotel mit Restaurant untergebracht ist.

Nach Zerstörungen im Zweiten Weltkrieg und einem Wiederaufbau nutzt die Fürstenfamilie seit 1966 große Teile der Schlossanlage als Museum, in dem man das höfische Leben früherer Jahrhunderte und eine umfangreiche Gemäldesammlung besichtigen kann. Zum Privatbesitz der Familie gehören vor allem Werke niederländischer Meister, von Gerard ter Borch über Jan van Goyen bis Rembrandt.

Ebenfalls empfehlenswert ist ein Spaziergang im Park, der im 18. Jahrhundert französisch angelegt und im 19. Jahrhundert zu einem englischen Landschaftsgarten umgestaltet wurde. Ins Reich der Kuriositäten gehört eine Schweizer Urlaubsidylle, die Fürst Leopold zu Salm-Salm Ende des 19. Jahrhunderts in den Park verpflanzte. Beeindruckt von der Hochzeitsreise an den Vierwaldstättersee schenkte der Fürst seiner Frau die Anholter Schweiz mit See, Felsen und echtem Schweizer Chalet.

Schloss und Bagno Steinfurt

Eine der größten und ältesten Burganlagen des Münsterlandes steht in der Kreishauptstadt Burgsteinfurt und gehört dem Fürsten von Bentheim-Steinfurt, dessen Familie seit 1451, damals noch als Edelherren von Götterswick, hinter den Burgmauern regiert. Erstmals erwähnt wird die Burg, die sich ursprünglich auf zwei Inseln im Flüsschen Aa ausbreitete, im Jahr 1129.

Nach Kriegszerstörungen und Verfall machte sich Gräfin Walburg im 16. Jahrhundert an eine gründliche Renovierung des Gebäudes, ein siebenstöckiger Treppenturm und ein reich mit Ornamenten versehener Erker des münsterschen Baumeisters Johann Brabender entstanden in jener Zeit. Im Dreißigjährigen Krieg geriet die Burg erneut ins Schussfeld der Parteien, der im 18. Jahrhundert erfolgende Neuaufbau bekam nun verstärkt Schlosscharakter. Als letztes Überbleibsel der mittelalterlichen Burg wurde Ende des 18. Jahrhunderts der Buddenturm, wie der Bergfried hier hieß, abgerissen.

Seit 2009 ist das privat genutzte Schloss Steinfurt nicht mehr für die Öffentlichkeit zugänglich. Die muss sich mit dem Bagno, dem ehemaligen Vergnügungspark der Schlossherren, begnügen. Ende des 18. Jahrhunderts beschloss Graf Karl zu Bentheim-Steinfurt, den Steinfurter Wald in eine künstliche Landschaft zu verwandeln. Einen kleinen Ententümpel motzte er zu einem See mit Inseln auf, er legte Alleen, Blumenbeete und Kanäle an, die er mit Springbrunnen und Statuen verzierte. Zwischen die französische Gartenkunst setzte er Miniaturausgaben von Bauwerken aus aller Welt. So entstanden das namensgebende Badehaus, ein Lustschlösschen, eine Konzertgalerie und chinesische Pavillons.

Endgültig zum Fun-Park des Rokoko machte das Bagno jedoch erst Karls Sohn Ludwig. Ludwig schreckte vor keiner geschmacklichen Herausforderung zurück und stattete den Park mit einem ägyptischen Turm, einer türkischen Moschee, griechischen und römischen Tempeln, Laubengängen, gotischen Fassaden, Brücken und einem chinesischen Palais aus. Insgesamt brachte es der Graf auf hundertfünf Bauwerke, die immerhin mehrere Tausend Besucher pro Jahr nach Steinfurt lockten. Sogar den ersten Heißluftballon des Münsterlandes ließ Ludwig steigen – allerdings noch unbemannt.

Mit dem nächsten Grafen, Ludwigs Sohn Alexis, endete die Linie der fantastischen Freizeitparkgestalter. Sehr wahrscheinlich schloss sich Alexis der Meinung etlicher Kritiker an, die das Ganze für Kitsch hielten. Jedenfalls ließ er das Bagno verfallen und die meisten architektonischen Versatzstücke abreißen. Überlebt hat ausgerechnet ein Sinnbild der Vergänglichkeit, eine künstliche Burgruine auf einer der Inseln. Die von Graf Karl gebaute Konzertgalerie wurde 1996 restauriert und ist heute wieder ein Veranstaltungsort, die Neue Wache, ein klassizistischer Bau mit Säulenportikus, beherbergt mittlerweile einen Golfclub. Ansonsten erinnern seit 2004, als Landschaftsgestalter das Bagno in einen naturgeschützten Park zurückverwandelten, nur noch eine Reihe von Tafeln mit kolorierten Zeichnungen der Bagno-Gebäude an die glitzernde Vergangenheit.

Burg Hülshoff und Haus Rüschhaus

Viele Münsteraner möchten Annette Freiin von Droste-Hülshoff für eine der Ihren halten, faktisch lebte die Dichterin jedoch stets außerhalb der (damaligen) Stadtgrenzen. Geboren wurde die Droste auf Burg Hülshoff, die einige Kilometer außerhalb des münsterschen Stadtteils Roxel liegt und heute verwaltungstechnisch dem Städtchen Havixbeck zugehört. Spätestens seit 1417 befindet sich die Burg im Besitz der Familie, die seinerzeit noch den Namen von Deckenbrock trug. Annettes Vorfahren bekleideten das erbliche Drostenamt des münsterschen Domkapitels und fungierten als Kämmerer des Stifts Überwasser. Nach Erwerb der Burg änderten sie ihren Namen in Droste zu Hülshoff.

Das jetzige Herrenhaus der klassischen Zweiinselanlage wurde im 16. Jahrhundert von Heinrich I. von Droste-Hülshoff erbaut, die Vorburg mit Ecktürmen und Fachwerkgiebeln entstand im 17. Jahrhundert. Im Herrenhaus ist heute ein kleines Droste-Museum untergebracht und im großen Park mit Teehaus kann man zukünftig vielleicht regelmäßig Schriftsteller antreffen, denn Burg Hülshoff ist als Stipendiatenresidenz und Außenposten eines in Münster angesiedelten Literaturhauses im Gespräch.

Annette selbst mochte den »Zinnenbau« (»Schaut finster in die Runde«) nicht besonders, nach dem Tod ihres Vaters zog sie mit ihrer Schwester Jenny in den Witwensitz ihrer Mutter, Haus Rüschhaus. Das Rüschhaus, im münsterschen Stadtteil Nienberge gelegen, ist halb bäuerlicher Gräftenhof, halb feudaler Adelssitz. Mitte des 18. Jahrhunderts nach Entwürfen von Johann Conrad Schlaun gebaut, nutzte der Baumeister das Gebäude zunächst als eigenes Sommerhaus. 1825 kaufte Annettes Vater, Freiherr Clemens-August II., das Landhaus mit Parkanlage, in dem die Dichterin, die es liebevoll ihr »Schneckenhaus« nannte, zwischen 1826 und 1846 lebte. Wenn sie nicht gerade Verwandte besuchte oder wegen des wärmeren Klimas am Bodensee weilte.

Rund hundertfünfzig Adelssitze

Von Tausenden von Adelssitzen, die es einmal im Münsterland gegeben haben soll, sind noch etwa hundertfünfzig erhalten. Die meisten von ihnen tragen den neutralen Titel Haus, was so ziemlich alles zwischen stattlichem Herrenhaus mit und ohne Wassergraben, wehrhafter Burg und prunkvollem Schloss bedeuten kann. Oft lässt sich das auch bei näherem Hinsehen nicht einordnen, weil ältere Gebäude(teile) neben neueren stehen und sich die verschiedensten Architekturstile mischen.

Nur fünfundzwanzig Burgen und Schlösser darf man auch betreten, die anderen werden bewohnt, von den alten Familien oder neuen Besitzern. Was für Touristen manchmal enttäuschend ist, stellt sich für die staatlichen Organe als Segen dar. Denn wer eine Burg bewohnt, wird dafür sorgen, dass sie nicht verfällt. Schon aus eigenem Interesse.

Und besichtigen kann man im Münsterland ja noch manches andere – ungewöhnliche Museen zum Beispiel.

Krippen, Römer und rock'n'pop

Ungewöhnliche Museen im Münsterland

Ein Krippenmuseum in einer Wallfahrtsstadt, das mag ja vielleicht noch angehen. Aber ein Literaturmuseum mitten auf dem flachen Land? Oder ein Museum der Popmusik des 20. Jahrhunderts in einer ehemaligen Textilfabrik? Das Münsterland hat neben Wasserschlössern und Natur eine Reihe von interessanten Museen zu bieten.

Krippenmuseum Telgte

Zwölf Kilometer östlich von Münster und an der Ems liegt das Städtchen Telgte. In jüngster Zeit wurde es dadurch bekannt, dass es mit großer Mehrheit einen grünen Bürgermeister gewählt hat. Grass-Lesern ist der Ort spätestens seit 1979 ein Begriff, als der Literaturnobelpreisträger die Novelle »Das Treffen in Telgte« veröffentlichte. Die Geschichte spielt im Jahr 1647, also in der Zeit des Dreißigjährigen Kriegs,

wobei Grass die dichtenden und komponierenden Diskutan-
ten, die sich in Telgte versammelt haben, mit Charakterzü-
gen der »Gruppe 47«, einer informellen Schriftstellergruppe
des 20. Jahrhunderts, ausstattet.

Als Marienwallfahrtsort ist Telgte schon seit dem 15. Jahrhundert ein Ziel von Pilgern aus der gesamten Region.
Eine Pietá, ein Gnadenbild aus dem 14. Jahrhundert, das
Maria mit dem toten Jesus im Arm zeigt, zog so viele Gläu-
bige an, dass der Bischof von Münster um 1650 eine eigene
Wallfahrtskapelle für das aus Lindenholz geschnitzte Kunstwerk bauen ließ. Bis heute ist die Telgter Wallfahrt von Osnabrück, Münster und Warendorf nach Telgte neben der
Kutschenwallfahrt an Christi Himmelfahrt einer der Höhe-
punkte im christlichen Kalender der Stadt.

Nur ein paar Schritte von der Wallfahrtskapelle ent-
fernt befindet sich das Krippenmuseum. Wer jedoch ein
verwinkeltes Fachwerkhaus erwartet, sieht sich getäuscht.
Stattdessen steht man vor einem modernen, dreigeschossigen
Gebäude mit geraden Linien. Gebaut nach den Plänen des
Architekten Josef Paul Kleihues, der dafür den »Deutschen
Natursteinpreis« erhielt, wurde das Museum 1994 eröffnet.
Zu sehen sind historische und neuzeitliche Krippen aus
vielen Ländern, die die Geschichte des Krippen-Brauches
dokumentieren. Hinzu kommen Sonderschauen, insbesondere in der vorweihnachtlichen Hochsaison, die verschie-
dene Aspekte des Weihnachtsfestes beleuchten.

Das Krippenmuseum geht zurück auf eine Krippen-
sammlung, die erstmals 1934 ausgestellt wurde. Damals
noch im Heimathaus, das gleich gegenüber auf der anderen Straßenseite liegt und tatsächlich so aussieht, wie man es
sich vorstellt. Wertvollstes Objekt des Heimathauses ist das
Telgter Hungertuch von 1623, ein Leinentuch mit dreiund-

dreißig Bildfeldern. Dauerausstellungen zur Wallfahrtsgeschichte, zur Frömmigkeit im Münsterland und zum Wirken von Kardinal Clemens August Graf von Galen runden das gottgefällige Bild Telgtes ab. Ein Bild, das nur unwesentlich vom Kornbrennerei-Museum ein paar Straßen weiter gestört wird. Bis 1979 diente das Gebäude noch seinem ursprünglichen Zweck, jetzt erhält man hier Einblicke in die Geschichte der münsterländischen Kornbrennerei.

Im Übrigen ist Telgte auch ein Zentrum der Ballonfahrerei, einer münsterländischen Trendsportart, die dafür sorgt, dass an schönen Sommertagen der Himmel voller bunter und manchmal merkwürdig geformter Heißluftballons hängt. Seit 1969 finden in Telgte und Münster Montgolfiaden statt.

Museum für Westfälische Literatur bei Oelde-Stromberg

Haus Nottbeck in der Nähe von Oelde-Stromberg ist eines jener Rittergüter, deren lange und wechselhafte Geschichte bis ins 14. Jahrhundert zurückreicht. Den Nachfahren Balthasar von Oers, der die von Gräften umgebene Anlage 1470 erwarb, gehörte das Haus bis ins 19. Jahrhundert. Auf Umwegen gelangte der Besitz dann an den Rentmeister der von Oer auf Nottbeck, dessen letzte Familienangehörige 1987 verstarb und das Haus dem Kreis Warendorf vermachte. Mit einer im Testament festgeschriebenen Auflage: Der Kreis sollte auf Nottbeck eine Heimstätte für kulturelle Zwecke begründen.

2001, nach umfangreichen Renovierungsarbeiten, war es dann so weit. Im Herrenhaus eröffnete das Museum für

Westfälische Literatur. Inzwischen sind auch die ehemaligen Stallungen und Wirtschaftsgebäude umgebaut – zu einem Tagungszentrum mit Veranstaltungssaal und einem Gästehaus.

Das Museum für Westfälische Literatur hat nur wenig mit einer Bibliothek gemein, es möchte Literaturgeschichte aufleben lassen und vergangene Literaturwelten für heutige Besucher erfahrbar machen. In ganz unterschiedlich gestalteten Räumen, konzipiert vom US-amerikanischen Designer Robert Ward, gibt es Ausstellungen zum Täuferreich von Münster oder zum »Westfälischen Weimar« der Amalie von Gallitzin, aber auch einen Video-Pavillon, in dem westfälische Gegenwartsautoren die Frage »Warum schreibe ich?« beantworten. Außerdem findet man Daten in gedruckter und digitaler Form über alles, was mit westfälischer Literatur zusammenhängt, von Autoren über Stiftungen bis zu literarischen Gesellschaften. Kinder, die das weniger interessieren dürfte, können sich in der Zwischenzeit im Gewölbekeller bei Gespensterhörspielen gruseln.

Neben dem normalen Museumsbetrieb, der sich wegen der Ferne von urbanen Zentren vor allem auf Wochenendbesucher konzentriert, lädt das Kulturgut Haus Nottbeck zu Tagungen, Autorenlesungen und Konzerten ein. Das Gästehaus ermöglicht museumspädagogische Angebote für Schulklassen oder Ferienakademien für den literarischen Nachwuchs.

Ähnlich wie Telgte hält auch die Dreißigtausend-Einwohner-Stadt Oelde, an deren äußerstem Rand Haus Nottbeck liegt, ein alternatives Museumsangebot bereit: das Georg-Lechner-Biermuseum mit der weltgrößten Bier-Etiketten-Sammlung sowie einer Ausstellung von alten Bierkrügen und -flaschen. Das Biermuseum steht nicht zufällig in Oelde, es befindet sich nämlich im Besitz der Pott's Brauerei, die hier ihren Stammsitz hat. Dank eines hervorragenden Marketings, zu dem auch nostalgische Bügelflaschen gehören, ist das Pott's mittlerweile die bekannteste Biermarke des Münsterlandes.

Und noch etwas unterscheidet Oelde von den anderen Städten des Münsterlandes. Es hat eine unabhängige Tageszeitung mit einem ungewöhnlichen Namen: Die Glocke. 1880 gegründet, behauptet Die Glocke standhaft ihre Selbstständigkeit in einer von Konzernen geprägten Medienlandschaft.

Römermuseum in Haltern am See

Streng genommen gehört Haltern am See nicht (mehr) zum Münsterland, aber da die Halterner im Herzen Münsterländer geblieben sind und man, wenn man über die A 43 ins Münsterland fährt, ohnehin an Haltern vorbeikommt, soll hier das Römermuseum erwähnt werden. Im Jahr 2009 war das Römermuseum Teil der großen Ausstellung »Imperium, Konflikt, Mythos«, mit der die drei Städte Haltern, Detmold und Kalkriese an das zweitausendjährige Jubiläum der Varusschlacht erinnerten. Zwar streiten sich die Historiker noch immer darüber, wo genau Varus und seine drei Legionen vom Cheruskerfürsten Arminius vernichtend geschlagen wurden, relativ einig sind sie sich jedoch darin, dass Varus bei seinem Vormarsch ins feindliche Germanengebiet einen Zwischenstopp in Haltern einlegte. Denn in Haltern befand sich zu Beginn unserer Zeitrechnung einer der größten und wichtigsten Stützpunkte des Römischen Reiches nördlich der Alpen.

1899 entdeckte man bei Grabungen am Annaberg in Haltern erste Hinweise auf das Römerlager, das in den folgenden Jahren nach und nach freigelegt wurde. 1907 eröffnete das erste Römisch-Germanische Museum mitten in der Stadt, dessen Geschichte mit einem Bombenangriff im Zweiten Weltkrieg endete. Erst 1993 baute der Landschaftsverband Westfalen-Lippe ein neues Römermuseum, diesmal auf dem Gelände des ehemaligen römischen Feldlagers. Der Flachbau mit seinen gläsernen »Zeltspitzen« soll an ein Zeltlager erinnern, auch sonst versucht man alles, um den Alltag eines Legionärs in der Zeit von Christi Geburt lebendig werden zu lassen. So darf man etwa mit einem Originalmarschgepäck durchs Museum wandern, wird über die damals aktuellen Ereignisse in Rom und Germanien informiert oder mit der Arbeitswelt römischer Handwerker konfrontiert. Und in der Cafeteria bekommt man (auf Vorbestellung) römische Gerichte.

Nach dem Museumsbesuch eignet sich – zumindest im Sommer – der zweite Teil des Stadtnamens Haltern am See für eine Pause. Am südlichen Ufer des großen Stausees direkt neben der Stadt liegt nämlich ein Strandbad.

Künstlerdorf Schöppingen und Kunsthaus Kloster Gravenhorst

Die Einwohner des Dorfes Schöppingen im Kreis Borken sind künstlerisch vermutlich nicht begabter als andere Münsterländer, der Name Künstlerdorf bezieht sich auch nicht auf die gesamte Ortschaft, sondern auf zwei denkmalgeschützte Gutshöfe in der Ortsmitte. Hier leben pro Jahr rund fünf unddreißig Stipendiaten aus den Bereichen Literatur und bildende Kunst, neuerdings auch experimentelle Komposition, Neue Medien und Kunst-Wissenschaft-Wirtschaft. Fünfunddreißig von zweitausendfünfhundert Künstlern und Wissenschaftlern aus hundertsechs Ländern, die sich allein im Jahr 2010 für ein Stipendium beworben haben.

Ein Museum im herkömmlichen Sinn ist das Künstlerdorf Schöppingen also nicht, außerhalb von Ausstellungen, Lesungen und Aktionen können die Arbeiten der Künstler nur auf Anfrage besichtigt werden (eine Telefonnummer steht am Eingang). Das gilt auch für die Installation Flunki Kiel von Stefan Sous, ein in seine Einzelteile zerlegtes und an Fäden aufgehängtes, komplettes Holzschiff, das dauerhaft und normalerweise verborgen unter dem Dach des Hauptgebäudes schwebt.

Er habe nicht die Absicht, eine »Worpsweder Künstleridylle« zu schaffen, sagt Dr. Josef Spiegel, der Leiter des Künstlerdorfes, deshalb sei er »nicht an Touristen, sondern an Ideen« interessiert. Das Künstlerdorf sei ein UFO, so Spiegel, es hätte überall landen können. Am liebsten möchte er global vernetzte Projekte initiieren, an denen sich Künstler und Wissenschaftler aus vielen Ländern beteiligen, eine »Ideenmaschine zur Produktion von ›neuen Ideen‹« eben. Wie so etwas aussieht, erklärt die Internetseite www.ideenstorming.de

Ebenfalls mit Stipendiaten aus dem Bereich bildende Kunst, aber mit einem gänzlich anderen Konzept arbeitet das Kunsthaus Kloster Gravenhorst in der Nähe von Ibbenbüren. Besucher und Touristen sind hier willkommen, sie sollen sogar in Kontakt mit den Künstlern treten, die sich in offenen Ateliers im alten Klostergebäude über die Schultern schauen lassen. Ausstellungen, Workshops und Sommerateliers laden Kinder, Jugendliche und Erwachsene zum Mitmachen ein, es werden Feste gefeiert und Konzerte, Lesungen und Theateraufführungen veranstaltet.

Seinen speziellen Reiz gewinnt das Programm des Kunsthauses durch die historische Kulisse des zu Beginn des 21. Jahrhunderts gründlich restaurierten Klostergebäudes. Fünfhundertfünfundfünfzig Jahre lang diente die Anlage als Zisterzienserinnenkloster, von 1256, als Ritter Konrad von Brochterbeck das Kloster seiner einzigen Tochter und ersten Äbtissin Oda schenkte, bis 1811, als die letzten Nonnen das Kloster nach der Säkularisierung verlassen mussten. Danach wurden die Klosterhallen als Eisenhütte zur Produktion von Kriegs- und Haushaltsgeräten, als Werkstatt zum Bau einer Dampfmaschine, im Zweiten Weltkrieg als Zwangsarbeiterlager und schließlich – in der Zeit der Bundesrepublik – für die Champignonzucht genutzt. Das seit 2004 existierende Kunsthaus Kloster Gravenhorst hat die Spuren dieser Vergangenheit nicht verwischt, sondern für heutige Besucher anschaulich aufbereitet.

Das rock'n'popmuseum in Gronau

Nein, Udo hat das Museum nicht gegründet. Aber er hat es sich nicht nehmen lassen, zur Eröffnung mit seinem Panikorchester aufzuspielen. Denn das rock'n'popmuseum in Gronau ist eine Hommage an den berühmtesten Sohn der Stadt, der hier 1946 geboren wurde: Udo Lindenberg.

2004 waren die ehemaligen Turbinen- und Kesselhallen der Textilfabrik M. van Delden so weit umgebaut, dass das europaweit einzige Museum zur Geschichte der Popularmusik die ersten Besucher empfangen konnte. Eine Dauerausstellung im Untergeschoss erzählt diese Geschichte von der

Erfindung des Lithografie-Notendrucks über die Anfänge des Jazz und Blues, die Goldenen Zwanziger in Berlin, die Zeit des Nationalsozialismus, Elvis Presley und die Beatles bis hin zu Grunge, Techno und Rap – in Bild- und Tondokumenten, Informationen zur jeweiligen Zeit und jeder Menge Musik. Und selbstverständlich kommen Udo-Lindenberg-Fans hier auf ihre Kosten, der Meister spricht in Interviews über seine Musik, anfangs ohne, später mit Hut. Aber man kann nicht nur sehen und hören, sondern auch erleben. Klangkorridore, mediale Installationen und Erlebnisinseln machen Rhythmus, Trance und Sound interaktiv erfahrbar.

Über das Zwischengeschoss, in dem Sonderausstellungen gezeigt werden, gelangt man im Obergeschoss in das legendäre Tonstudio der avantgardistischen deutschen Band CAN (1968–1978). Mit Matratzen aus Bundeswehrbeständen als Lärmschutz und an Mischpulten aus der Steinzeit der Computer demonstrieren Experten, wie vor vierzig Jahren Schallplatten entstanden. Exklusive Gigs für maximal acht Zuhörer – per LiveStream über die website des Museums auch für die Außenwelt erlebbar – hauchen dem Tonstudio gelegentlich Leben ein.

Für Schulklassen der Jahrgangsstufen fünf bis zehn bietet das rock'n'popmuseum verschiedene Unterrichtsmodule an, in denen die Schüler die Musik ihrer Eltern und Großeltern kennenlernen und ihre eigene musikalische Identität erforschen können. Und nicht zuletzt finden im Museum auch Konzerte statt, kleinere im eigentlichen Museum und größere in der ehemaligen Turbinenhalle dahinter, in der achthundert Besucher Platz finden.

Wem von der ganzen Musik der Kopf dröhnt, der kann anschließend im Gronauer Drilandmuseum echte Museumsruhe genießen. Im ehemaligen Rathaus der Stadt ist die Regionalgeschichte von paläontologischen Fundstücken bis zur Gegenwart aufbereitet.

Noch mehr Museen und Skulpturen

Natürlich gibt es im Münsterland noch viel mehr Museen: Heimathäuser und Kunsthallen, Puppen- und Glockenmuseen. Sie alle zu beschreiben würde den Rahmen dieses Buches sprengen. Nicht unerwähnt bleiben soll jedoch, dass es im Münsterland, angelehnt an die in Münster alle zehn Jahre stattfindenden *skulptur projekte*, von 1999 bis 2005 vier Skulptur-Biennalen gab, die nacheinander in den vier Landkreisen gastierten. Etliche der Kunstwerke sind geblieben und lassen sich mit dem »Skulpturenführer Münsterland« entdecken, der Holzhubschrauber von Heike Mutter und Ulrich Genth im Stadtpark von Vreden (»Die solide Wirklichkeit des Bedingten«), die acht Meter hohe Leuchtschrift von Jan Philip Scheibe auf dem Schöppinger Berg (»Er macht seine Engel zu Winden«), das »Versunkene Dorf« von Mariele Neudecker im Steinfurter Tiggelsee und andere mehr.

Das Glück der Erde

Pferde im Münsterland

Das Pferd im nordrhein-westfälischen Wappen steht zwar für den gesamten Landesteil Westfalen, zwischen Münster und Warendorf ist man sich jedoch ziemlich sicher, dass eigentlich nur das Münsterland gemeint sein kann.

Im Münsterland grasen über hunderttausend Pferde, es gibt tausend Kilometer Reitwege und pro Kilometer einen Pferdehof. Das Münsterland ist der Nabel des Spitzenreitsports, hier wohnen mehr Weltmeister und Olympiasieger als in jeder anderen Gegend Deutschlands. Hier finden Hengstparaden, Bundeschampionate und das Turnier der Sieger statt. Im Münsterland haben die letzten Wildpferde Europas überlebt. Und wo auf der Welt gibt es sonst noch ein Pferdemuseum?

Pferdehauptstadt Warendorf

Unumstrittene Hauptstadt des Pferdelandes ist die Kreis-
stadt Warendorf mit ihren neununddreißigtausend Einwohnern. Und dafür verantwortlich sind wieder mal die Preußen. 1826, als Westfalen im Rang einer preußischen Provinz
stand, errichtete der preußische Staat in Warendorf ein Landgestüt, das für die geregelte Zucht von Pferden sorgen sollte.
Dabei herausgekommen ist die Pferderasse der Westfalen,
die sich bei Dressur- und Springreitern großer Beliebtheit
erfreut.

Das Landgestüt gibt es noch immer. Es untersteht dem
Landwirtschaftsministerium in Düsseldorf und unterhält
rund achtzig Hengste und siebzig Mitarbeiter – alle im
Dienst der Pferdezucht. Alljährlich im Spätsommer werden
die Deckhengste dem interessierten Publikum bei Hengstparaden vorgeführt. Was früher nur eine kleine Show für Pro-
fizüchter war, ist mittlerweile eine farbenprächtige Gala mit
akrobatischen Einlagen vor Zehntausenden von Besuchern.
Von Hengsten und Reitern gestellte Schaubilder wechseln
ab mit Dressur- und Fahrvorführungen. Bei dem Schau-
bild Ungarische Post beispielsweise steht der Reiter auf den
Rücken zweier nebeneinander galoppierender Hengste.
Zudem lädt das Landgestüt einmal im Jahr zur Symphonie
der Hengste, einer Performance mit komplettem Orchester,
zu dessen Musik die Hengste Pas de Deux tanzen und Dres-
surquadrillen zeigen.

Das Landgestüt mit angeschlossener Deutscher Reitschule,
an der Pferdewirte und Reitlehrer ausgebildet werden, ist
allerdings nur eine von mehreren Pferde-Institutionen, die
in Warendorf residieren. Das Deutsche Olympiade-Komi-
tee für Reiterei (DOKR), zuständig für Spitzenreit- und

-fahrsport, logiert gemeinsam mit der Deutschen Reiterli-
chen Vereinigung (FN) neben der Sportschule der Bundeswehr. Die FN (die Abkürzung erklärt sich aus der französischen Namensform Fédération Équestre Nationale) stellt mit
rund siebenhundertfünfzigtausend Mitgliedern, organisiert
in Reit- und Fahrvereinen, einen der größten Sportverbände
Deutschlands. Zuständig ist die FN für so ziemlich alles, was
mit Pferden zu tun hat, von Pferdezucht und Pferdehaltung
über die Ausbildung von Pferdesportlern und Pferden bis hin
zur Organisation und Überwachung von Turnieren.

Und wie kam die Pferderegierung nach Warendorf? Ein
Mann mit dem klangvollen Titel »Oberlandstallmeister« hat
das bewirkt. Nach dem Zweiten Weltkrieg war Dr. Gus-
tav Rau Chef sämtlicher Landgestüte in Deutschland und
nebenbei auch noch zuständig für die FN und das DOKR.
1950 verlegte Rau den Sitz beider Verbände nach Warendorf. Was zu jener Zeit, als Spitzenreitsport noch als Hobby
von Offizieren und Adeligen galt, keine besondere logisti-
sche Herausforderung bedeutete; Rau managte beide Verbände mit einer einzigen Schreibkraft von einem Militärde-
pot hinter seinem Garten aus. Und er baute Warendorf zu
einem Olympiastützpunkt aus, holte junge Nachwuchsreiter
hierher, die den Ruf Deutschlands als erfolgreichster Reit-
nation bei Olympischen Spielen begründeten.

Reiter wie Hans Günter Winkler, der in Warendorf
geblieben ist und noch mit über achtzig Jahren als Sportdi-
rektor und Vermarkter im Reitsport mitmischt. Winklers
große Zeit lag zwischen 1956 und 1972, als er fünf olympische Goldmedaillen im Springreiten holte, dazu etliche
Weltmeister-, Europameister- und Deutscher-Meister-Titel.
Bis heute ist HGW, wie er in Warendorf genannt wird, der
erfolgreichste Springreiter aller Zeiten.

Zumindest seine Anfangserfolge verdankte Winkler der legendären Stute Halla, der er »menschliche Intelligenz« bescheinigt. 1956, bei Winklers erstem Olympia-Gold im Einzelspringen, verhalf Halla ihrem durch einen Muskelriss in der Leistengegend gehandicapten Reiter quasi im Alleingang zum Sieg.

Die Klimkes

Was Halla und Hans Günter Winkler für Warendorf, sind Ahlerich und Dr. Reiner Klimke für Münster. 1936 in Münster geboren, studierte Reiner Klimke Jura an der Westfälischen Wilhelms-Universität und arbeitete anschließend als Rechtsanwalt und Notar in seiner Heimatstadt. Und er ritt. Zuerst in der Disziplin Vielseitigkeit, in der er es bis zum Deutschen Meister 1960 brachte. Im selben Jahr nahm er erstmals an Olympischen Spielen teil, noch ohne Edelmetallerfolg.

Danach sattelte Klimke auf Dressur um. Und prompt klappte es bei den nächsten fünf Olympischen Spielen. Von 1964 in Tokio bis 1988 in Seoul sammelte Reiner Klimke sechs Goldmedaillen ein, fünfmal in der Mannschaft und einmal in der Einzelwertung. Hinzu kamen sechs Weltmeister- und elf Europameistertitel. Allein drei olympische Goldmedaillen teilte sich der Reiter mit Ahlerich (1971–1992), einem Westfalen-Wallach, den Klimke 1975 auf einer Auktion in Warendorf für zweiundvierzigtausend Mark ersteigerte. Ahlerich war eine Zeit lang das erfolgreichste und wohl bekannteste Pferd der Bundesrepublik. In seinem Buch »Ahlerich – Von der Remonte zum Dressur-Weltmeister« beschreibt Klimke den Werdegang des Wallachs.

1986 wurde Reiner Klimke zum Ehrenbürger von Münster ernannt. Nach dem vorläufigen Ende seiner aktiven Reiterlaufbahn stieg er in die Politik ein und saß von 1990 bis 1995 für die CDU im Landtag von Nordrhein-Westfalen. Dann reizte ihn der Spitzensport doch noch einmal. Ende der Neunzigerjahre, inzwischen über sechzig Jahre alt, trainierte Klimke für ein Comeback bei den Olympischen Spielen 2000 in Athen. Bevor es dazu kommen konnte, starb Reiner Klimke im August 1999 an einem Herzinfarkt.

Dass der Name Klimke dem Reitsport weiter erhalten bleibt, liegt an Reiner Klimkes Kindern, den Geschwistern Michael und Ingrid Klimke. Vor allem Ingrid Klimke als Dressur- und Vielseitigkeitsreiterin gelang es, an die Erfolge ihres Vaters anzuknüpfen. Bei den Olympischen Spielen 2008 in Peking (und Hongkong, wo die Reitwettkämpfe stattfanden) holte sie mit der Mannschaft die Goldmedaille in der Vielseitigkeit.

Wildpferde im Merfelder Bruch

Streng genommen sind die Emscherbrücher oder Emscherbrücher Dickköppe keine Wildpferde, sondern eine wild lebende Hauspferdrasse. Nicht besonders groß gewachsen und mit graubraunem Fell, lebten die Wildlinge seit dem 14. Jahrhundert entlang der Emscher. Adelsfamilien in der Gegend besaßen seit dem Mittelalter das Privileg, Pferde einzufangen und zu verkaufen.

Mitte des 19. Jahrhunderts, mit beginnender Industrialisierung des Ruhrgebiets und entsprechendem Bevölkerungswachstum, wurde es für die Wildpferde eng. 1847 wäre es beinahe vorbei gewesen mit dem freien Leben. Die letzten

Emscherbrücher waren eingefangen und warteten auf ihre Zähmung – da zeigte ein spanischer Grande Großmut und gewährte den Pferden die Dülmener Wildbahn.

Alfred Herzog von Croÿ gehörte einem alten französisch-spanischen Adelsgeschlecht an. Sein Vater Auguste de Croÿ war 1803 durch die Auflösung des Fürstbistums Münster an das Amt Dülmen gekommen, das sich fortan Grafschaft nannte. 1822 übernahm Alfred von Croÿ die Familienregentschaft, baute in Dülmen ein Schloss und stellte sich auch als Unternehmer mit einer Eisenhütte und einer Zuckerrübenfabrik ganz erfolgreich an. 1847 dann kaufte er die letzten Wildpferde und richtete ihnen auf seinem Grundbesitz ein Reservat ein.

Mittlerweile hat der Merfelder Bruch, zwölf Kilometer westlich von Dülmen gelegen, an Fläche zugenommen. Auf rund 3,5 Quadratkilometern leben dreihundert bis vierhundert Pferde; Senken und Wälder bieten reichlich Futter und Abwechslung. Nach wie vor sind die Tiere sich selbst überlassen, kein Tierarzt kümmert sich um kranke Pferde oder hilft bei der Geburt von Fohlen. Zusätzliches Heu bekommt die Herde nur, wenn die Wildbahn im Winter extrem vereist oder verschneit ist.

Einen Eingriff in die Natur nehmen die Menschen allerdings doch vor. Da Machtkämpfe zwischen männlichen Tieren nicht selten tödlich enden, werden Jahr für Jahr etwa vierzig einjährige Hengste eingefangen. Der Dülmener Wildpferdefang, ein seit über hundert Jahren traditionell am letzten Samstag im Mai stattfindendes Spektakel, lockt regelmäßig zwanzigtausend Besucher. Sie verfolgen auf den Rängen einer Arena, wie junge Burschen den männlichen Pferdenachwuchs überwältigen. Mit bloßen Händen, denn Seile oder andere Hilfsmittel sind nicht erlaubt. Der Rest der Herde darf anschließend wieder die Freiheit genießen. Die jungen Hengste aber werden versteigert – ohne Gesundheitsprüfung, versteht sich.

Das Westfälische Pferdemuseum im Allwetterzoo

Rudolph Erbprinz von Croÿ, der heutige Besitzer der Dülmener Wildpferde und Präsident des Pferdesportverbandes Westfalen, ist nebenbei auch Schirmherr des Westfälischen Pferdemuseums. Das Museum, das mitten auf dem Gelände des münsterschen Allwetterzoos liegt (und nur mit einer Zooeintrittskarte erreicht werden kann), geht nämlich auf eine Initiative von Pferdefreunden zurück, die die selbstständige Einrichtung in Kooperation mit dem Zoo betreiben.

Auf rund tausend Quadratmetern Ausstellungsfläche widmet sich das Pferdemuseum der Natur- und Kulturgeschichte von Pferd und Mensch, vom fuchsgroßen, fünfzig Millionen Jahre alten Urpferdchen über den idealen Zuchthengst der Gegenwart bis zum Pferd der Zukunft, das nach den Entwürfen des Wissenschaftlers Dougal Dixon designt wurde. Polydor, ebenjener erfolgreichste Landbeschäler, den das Gestüt in Warendorf je hervorgebracht hat, ist übrigens ausgestopft und in Lebensgröße zu bewundern. Nahezu die komplette Weltelite der Springreiter hat auf seinen Kindern geritten und dabei über vier Millionen Euro Gewinnprämien eingeheimst. Gleich zweimal wurde Polydor, der 2000 im Alter von achtundzwanzig starb, mit der Auszeichnung »Sire oft the world« geehrt.

Eine Hall of Fame im Museum dokumentiert alle westfälischen Spitzenreiter und -pferde, auf Fotos, in Filmausschnitten und anhand von persönlichen Gegenständen. Und wer will, kann sich auch selbst auf einen Sattel schwingen, interaktive Sattelstationen vermitteln Galopp- und Spring-reitgefühle.

An das Museum angeschlossen ist die Hippomaxx-Arena, in der regelmäßig Pferdeshows stattfinden. Im Kinder- und Pferdepark nebenan stehen Dülmener Wildpferde, Przewal-ski-Pferde, Mongolenponys und Poitou-Riesenesel.

Noch mehr Pferde

Wer gerne Pferderennen sieht und dabei, soweit weiblich, auch noch Hut trägt, kann sich anlässlich des jährlich im August stattfindenden Drensteinfurter Trabrennens gleich noch am Hut-Contest beteiligen. Prämiert wird der krea-tivste oder eleganteste Hut.

Ähnlich mondän geht es beim Polopicknick zu, das ein münsterscher Unternehmer einmal im Jahr auf den beiden Poloplätzen im Osten Münsters veranstaltet. Acht internatio-nale Poloteams mit hundertfünfzig Poloponys jagen dem Ball bei dem Sport hinterher, der angeblich »faster than Hockey, rougher than Rugby, sexier than Golf« ist.

In Riesenbeck, dem Wohnort international bekannter Reitcracks wie Ludger Beerbaum und Marco Kutscher, fah-ren beim Riesenbeck International Zwei- und Vierspänner durch Wasser und Schlamm. Weniger rustikal geht es beim Turnier der Sieger auf dem Platz vor dem münsterschen Schloss zu. Hier werden jedes Jahr die Deutschen Meister im Springreiten und in der Dressur ermittelt.

Aber auch für diejenigen, die nicht nur anderen beim Reiten zuschauen, sondern am liebsten selbst in einem Sattel sitzen wollen, hält das Münsterland eine Menge Möglichkeiten bereit: Reiterferien, Reitwanderungen, Ponyhöfe und Übernachtungen im Heu lassen sich buchen. Sogar einen Integrativen Reitweg für Menschen mit Behinderungen gibt es – von Altenberge bis Greven, mit barrierefrei gestalteten Stationen und Aufsteighilfen.

Annette von Droste-Hülshoff

Frühes Leid und später Ruhm

Natürlich gab es auch schon Literatur vor Annette von Droste-Hülshoff, doch weltbewegend war das nicht, was die wenigen Barockdichter oder Dramatiker des Münsterlandes zustande gebracht hatten. Anton Matthias Sprickmann (1749–1833) etwa, der spätere Förderer Annettes, begeisterte sich in seiner Jugend für Goethe und schrieb etliche Dramen im »Sturm und Drang«-Stil. Zur Eröffnung des münsterschen Komödienhauses im Jahr 1775 steuerte er das Weihespiel »Der Tempel der Dankbarkeit« bei und sein Lustspiel »Der Schmuck« wurde 1779 in Wien preisgekrönt. Bald darauf beendete Sprickmann jedoch seine literarische Karriere und zog sich auf seine Jura-Professuren in Münster und Berlin zurück.

Wie überschaubar die literarische Szene zu Beginn des 19. Jahrhunderts war, zeigen die Schwierigkeiten Friedrich Raßmanns, den von ihm jährlich herausgegebenen Musenalmanach »Mimigardia« mit Beiträgen zu füllen. Schon für die erste Ausgabe im Jahr 1810 fragte er bei der damals zwölf-jährigen Annette von Droste-Hülshoff an, deren poetische Begabung sich bereits herumgesprochen hatte. Womit wir dann doch bei der größten Dichterin des Münsterlandes, wenn nicht Deutschlands, wären.

Krankheiten und ein perfider Streich

Als Anna Elisabeth Franzisca Adolphina Wilhelmina Ludovica Freiin von Droste zu Hülshoff kam Annette im Januar 1797 auf Burg Hülshoff in der Nähe von Münster zur Welt. Bedingt durch ihre Frühgeburt, war sie extrem kurzsichtig und als Kind selten gesund. Auch später beeinträchtigten schwere Krankheiten immer wieder ihr Leben, trotzdem entzog sie sich nicht den familiären Verpflichtungen und Konventionen. Vermutlich war es der Einfluss der Familie, der sie lange davon abhielt, ihre Gedichte zu veröffentlichen. Erst 1838 erschien der erste Gedichtband im münsterschen Verlag Aschendorff. Aber nicht unter ihrem Namen, sondern anonym. Und ein Bestseller war das Buch auch nicht, ganze vierundsiebzig Exemplare gingen über die Theken der Buchhandlungen.

Vor allem die Mutter unterstützte das früh erkennbare Schreibtalent Annettes, ab 1812 unterrichtete und förderte Professor Sprickmann die angehende Dichterin. Auf Schloss Bökerhof bei Paderborn, dem Familiensitz ihrer mütterlichen Verwandten, lernte die Droste Wilhelm Grimm kennen und beteiligte sich zeitweise am Sammeln von deutschen Märchen. Hier erfuhr sie auch von dem Judenmörder Johannes Winkelhagen, dessen Geschichte sie später in der Novelle »Die Judenbuche« verarbeitete.

Schloss Bökerhof war allerdings noch in anderer Hinsicht bedeutsam für Annette. An diesem Ort ereignete sich ihre »Jugendkatastrophe«, ein Trauma, das ihr Verhältnis zu Männern nachhaltig zerrüttete. Nach Vorbild der »Gefährlichen Liebschaften« von Choderlos de Laclos vereinbarten Heinrich Straube, mit dem Annette 1820 liiert war, und dessen Freund August von Arnswaldt, die Treue der Dichterin zu testen. August machte Annette den Hof – und hatte tatsächlich Erfolg. Die nun von beiden Männern Verlassene musste zudem noch den Spott ihrer Verwandtschaft ertragen, die offensichtlich in das miese Spiel eingeweiht war.

Fortan sprach die Droste siebzehn Jahre lang kein Wort mehr mit ihren Verwandten, und andere Männer tauchten in ihrem Leben nur noch sporadisch auf. Erst 1837 schloss sie wieder Vertrauen zu einem männlichen Wesen, dem siebzehn Jahre jüngeren Levin Schücking, Sohn einer Jugendfreundin. Vieles spricht dafür, dass die Droste nicht nur mütterliche Gefühle für Schücking hegte, ihr Verhältnis kühlte sich jedenfalls rasant ab, als Schücking 1843 eine andere heiratete.

Der Knabe im Moor und die Judenbuche

Der ebenfalls literarisch tätige Schücking animierte die ältere Freundin zu neuen Produktionen, wenn diese immer wieder einmal an sich selbst zweifelte. 1841 verschaffte die Droste Schücking eine Anstellung als Bibliothekar bei ihrem Schwager in Meersburg am Bodensee, gemeinsam verbrachten sie dort den Winter. In jener Zeit entstand fast jeden Tag ein neues Gedicht, darunter das wohl berühmteste, das später Generationen von Schülern beschäftigen sollte: »Der Knabe im Moor« (»O schaurig ist's übers Moor zu gehen, / Wenn es wimmelt vom Heiderauche, … «). Schücking sorgte auch dafür, dass im Frühjahr 1842 »Die Judenbuche« als Fortsetzungsroman im Cotta'schen Morgenblatt für gebildete Leser veröffentlicht wurde.

Mit Anleihen beim Genre der Kriminalliteratur erweitert Annette von Droste-Hülshoff in der »Judenbuche« den realen Fall des Judenmörders, den sie Friedrich Mergel nennt, um eine Vor- und Nachgeschichte. Ihr Mergel wohnt in einem westfälischen Dorf »inmitten tiefer und stolzer Waldeinsamkeit«, in dem Holz- und Wilddieberei an der Tagesordnung sind. Aus einer zerrütteten Familie stammend, gerät Mergel in den Bann eines »unheimlichen Gesellen« namens Simon Semmler.

Mitschuldig am Tod eines Oberförsters, was man ihm nicht beweisen kann, ermordet Friedrich Mergel kurz darauf den Juden Aaron, der ihn wegen eines nicht zurückgezahlten Kredits öffentlich bloßgestellt hat. Diesmal flieht Mergel und kehrt erst achtundzwanzig Jahre später als alter »armseliger Krüppel« aus türkischer Gefangenschaft in sein Heimatdorf zurück. Schließlich erhängt er sich an der »Judenbuche«, in die Aarons Glaubensgenossen den Spruch geritzt haben: »Wenn du dich diesem Orte nahest, so wird es dir ergehen, wie du mir getan hast!«

Neben der Gesamtausgabe ihrer Gedichte, die sie 1844 unter ihrem richtigen Namen im Cotta'schen Verlag veröffentlichte, entwickelte sich »Die Judenbuche« mit einer Auflage von inzwischen rund sechs Millionen zu einem Klassiker der deutschen Literatur. Doch schon zu Lebzeiten war Annettes Marktwert erheblich gestiegen. In Erwartung des Honorars für den zweiten Gedichtband kaufte sie in Meersburg das »Fürstenhäusle«.

Nach dem endgültigen Bruch mit Levin Schücking, der in einem Unterhaltungsroman Vertraulichkeiten aus Annettes Adelswelt verwendet hatte, pendelte die Droste zwischen dem Rüschhaus bei Münster, in dem sie seit 1826 hauptsächlich lebte, und dem Bodensee. Dort, in Meersburg, starb Annette von Droste-Hülshoff am 24. Mai 1848. Nach ihrem Tod erschienen die Werke »Das geistliche Jahr«, an dem sie zwanzig Jahre lang gearbeitet hatte, und »Letzte Gaben«.

Nachruhm

Einen postumen Bedeutungssprung zur großen deutschen Dichterin machte die Droste allerdings erst, als sie im Kulturkampf Ende des 19. Jahrhunderts von katholischer Seite gegen das intellektuelle großstädtische Berlin vereinnahmt wurde. Ob sie selbst damit einverstanden gewesen wäre, lässt sich nicht beurteilen. Zwar bekannte sie sich zu ihrer Glaubensbindung, thematisierte aber andererseits in den späten Gedichten die Zerrissenheit des Ichs zwischen Normen und Selbstverwirklichung. Zur Beurteilung ihres Werkes gehört sicher auch, dass sie in einer Zeit gelebt hat, in der höhere Bildungsinstitutionen für Frauen verschlossen waren und Literatur noch als reine Männerveranstaltung galt.

Umso beeindruckender, dass sie von Jugend an überzeugt war, Großes leisten zu können. »Ich mag und will jetzt nicht berühmt werden, aber nach hundert Jahren möchte ich gelesen werden«, sagte sie einmal. Wofür ihr heute mit zahlreichen Denkmälern, Schul- und Straßennamen gedankt wird. Die Droste-Gesellschaft in Münster hält nicht nur ihr Andenken hoch, sondern bereichert mit literarischen und Konzertveranstaltungen das kulturelle Leben der Stadt.

Dass die Droste auf jeden Fall die bekannteste deutsche Dichterin ist und ihr Porträt millionenfach von Hand zu Hand ging, liegt an der vierten und letzten Serie der Zwanzigmarkscheine. Als Vorlage für den Geldschein diente eine Miniatur, die ihre Schwester Jenny 1820 gemalt hat. Außerdem existieren noch etliche Gemälde von Johannes Sprick, den die Dichterin finanziell unterstützte. Sprick zeichnete die Droste mit glattem, mädchenhaftem Gesicht. Auf einigen Fotos, besser gesagt: Daguerreotypien, aus dem Jahr 1845 ist eine hagere, vom Leben gezeichnete Frau zu sehen, die ziemlich freudlos an der Kamera vorbeiblickt.

Unter Bauern

Literatur und Film im Münsterland

Den breiten münsterländischen Publikumsgeschmack traf Annette von Droste-Hülshoff zu ihrer Zeit wohl weniger, dafür waren Mundartdichter zuständig, die Humoresken und Satiren auf Plattdeutsch veröffentlichten, etwa die »Poetischen Versuche in Westfälischer Mundart« von Ferdinand Zumbroock oder der Episodenroman »Frans Essink, sien Liäwen un Driewen as aolt Mönstersk Kind« von Franz Giese und Hermann Landois.

Wie Hermann Landois war auch Augustin Wibbelt (1862–1947), der bekannteste Mundartschriftsteller des Münsterlandes, ein ordinierter Priester. Neben seiner Tätigkeit als Vikar in Münster und Priester in Kleve veröffentlichte Wibbelt über hundert humorvolle Dialoge und Erzählungen in Münsterländer Platt. Seine bekanntesten Figuren heißen Drüke-Möhne und Vader Klüngelkamp. Dem Pöggsken (Fröschlein), aus Wibbelts berühmtestem Gedicht »Dat Pöggsken«, setzte der Vorhelmer Heimatverein mit einer

Froschskulptur ein Denkmal. In Vorhelm (bei Ahlen), auf dem elterlichen Hof, verbrachte Wibbelt schließlich seine letzten Lebensjahre, in denen der bereits über Achtzigjährige mit dem Annette-von-Droste-Hülshoff-Preis geehrt wurde.

Ein erster Krimiautor

Nur ein Jahr nach Annette von Droste-Hülshoff geboren, verlief das Leben von Jodocus Donatus Hubertus Temme erheblich turbulenter als das der westfälischen Dichterin. Und gerne hat der Jurist, Politiker und Schriftsteller sicher nicht auf seine Zeit im Münsterland zurückgeblickt, denn im Jahr 1850 musste er neun Monate im münsterschen Gefängnis verbringen.

Nach seiner Schulzeit in Paderborn kam der hochbegabte Temme mit fünfzehn Jahren erstmals nach Münster, um Jura zu studieren. An das Studium schloss sich eine juristische Karriere an, die ihn durch ganz Preußen führte, mit Stationen in Arnsberg, Preußisch-Litauen, Stendal, Tilsit und Berlin. Dabei besserte er den Beamtensold mit Texten auf, die er unter dem Pseudonym Heinrich Stahl für mehrere westfälische Zeitungen und Zeitschriften verfasste. Bereits 1820 hatte er den Roman »Der Bluthund« veröffentlicht, später gab er »Westfälische Sagen und Geschichten« in zwei Bänden heraus.

1844 fiel Temme dem preußischen Hof wegen seiner »liberalen Gesinnung« unangenehm auf, 1848 kam er als Abgeordneter in die Preußische Nationalversammlung und schloss sich der linken Fraktion an. Weil man hoffte, ihn in der Provinz kaltstellen zu können, wurde Temme als Vizepräsident an das Oberlandesgericht Münster versetzt. Doch der engagierte Jurist blieb weiter politisch aktiv, gehörte der Nationalversammlung von 1848 in der Frankfurter Paulskirche an und unterschrieb die »Stuttgarter Beschlüsse«, die mehr Demokratie forderten.

Das brachte ihn vom Gerichtspräsidentenamt direkt auf die Anklagebank, nach neun Monaten Untersuchungshaft wurde Temme der Prozess wegen »fortgesetzter demokratischer Anschauung und Hochverrat« gemacht. Das Verfahren endete 1850 mit einem Freispruch, seine Beamtenstelle samt Pensionsansprüchen verlor der Unbotmäßige trotzdem.

Die Zeit im Gefängnis hatte Temme genutzt, um drei gesellschaftskritische Romane mit titelgebenden Heldinnen zu schreiben: »Anna Hammer«, »Josephe Münsterberg« und »Elisabeth Neumann«. Während die Bücher in Preußen schnell verboten wurden, schaffte es »Elisabeth Neumann« sogar bis in die USA, eine Übersetzung erschien 1852 in New York.

Nach einer kurzen Zeit als Zeitungsredakteur, in der er von der Polizei überwacht und schikaniert wurde, ging Temme mit seiner Familie als (unbesoldeter) Professor für Kriminalrecht nach Zürich. Den Lebensunterhalt verdiente er mit schriftstellerischer Tätigkeit, in schneller Folge publizierte er Kriminalerzählungen, hauptsächlich in der Familienzeitschrift Die Gartenlaube. Da er es verstand, spannende Unterhaltung mit Rechts- und Moralfragen zu verbinden, gilt Jodocus Temme als einer der Begründer der deutschen Kriminalliteratur.

Weihrauch und Pumpernickel

Rund hundert Jahre nach Temme stürmte ein junger münsterländischer Autor die Bestsellerliste und heimste hymnische Kritiken ein. 1964 veröffentlichte der renommierte Diogenes Verlag das Debüt des zweiundzwanzigjährigen Otto Jägersberg: »Weihrauch und Pumpernickel«. Bewusst verzichtete der Verlag auf den Gattungsbegriff Roman, stattdessen nannte der Autor sein rund hundertfünfzig Seiten dickes Werk im Untertitel: »Ein westpfählisches Sittenbild«.

Schon die Schreibweise macht deutlich, dass es der Autor nicht auf Modernität abgesehen hat. Jägersberg skizziert in vielen kleinen Bildern das Leben der einfachen und zugleich seltsamen Leute im Münsterland, sein Kosmos heißt Angelmodde, in den Sechzigerjahren ein Dorf am Rande von Münster. Ein Ich-Erzähler schildert das Leben seines Jugendfreundes, des Bauernsohns Georg Holtstiege, von Georgs Zeugung bis zur Flucht vor der Bundeswehreinberufung. Georg trauert um seinen Kanarienvogel, verwirrt als Jesuserscheinung einen frommen Schuster, bandelt mit Mädchen aus dem Dorf an und arbeitet nach Beendigung der Schulzeit im münsterschen Hafen. Spektakulär sind die in Episodenform erzählten Geschichten nicht, auch auf eine dramatische Zuspitzung wartet man vergeblich, Otto Jägersbergs Genialität liegt in den liebevoll gezeichneten Figuren, den knappen, präzisen Dialogen und dem staubtrockenen westfälischen Humor, mit dem das Sittenbild ausgerollt wird.

Von Alfred Andersch über Erich Kästner bis Martin Walser lobten fast alle literarischen Größen der damaligen Zeit das Erstlingswerk des aus Hiltrup (wie Angelmodde heute ein münsterscher Stadtteil) stammenden Autors. Vor »Weihrauch und Pumpernickel« hatte Jägersberg eine kaufmännische Lehre in Münster absolviert und als Buchhändler gearbeitet. Nach dem Bucherfolg beschäftigte er sich neben der Literatur mit Theaterdramaturgie und Journalismus, schrieb Drehbücher fürs Fernsehen und führte Regie. Heute lebt Otto Jägersberg in Baden-Baden.

Die Schamonis

Den städtischen Gegenpart zum ländlich orientierten Jägersberg bildeten die Brüder Schamoni. Ulrich (1939–1998), Peter (*1934), Thomas (*1936) und Victor (1932–1975) Schamoni wurde es in Münster schnell zu kleinstädtisch, es zog sie in die größere Welt, nach München und Berlin.

Die vier Brüder stammten aus einer Filmfamilie. Ihr Vater Victor war Regisseur und Filmwissenschaftler, die Mutter Drehbuchautorin. Nach dem Kriegstod des Vaters zog die Familie zunächst ins Ruhrgebiet und dann nach Münster. Die Brüder besuchten das Gymnasium Paulinum. Ulrich Schamoni, der später als Filmregisseur, Schauspieler und Medienunternehmer der bekannteste der vier werden sollte, brach die Schule allerdings schon vor dem Abitur ab und ging nach München zur Schauspielschule. Noch in Münster und im Alter von neunzehn war Ulrich erstmals öffentlich in Erscheinung getreten, auf eine für die damalige Bundesrepublik provozierende Weise. Sein pubertäres Sittenbild »Dein Sohn lässt grüßen«, laut zeitgenössischem Spiegel in »Pennäler-Kauderwelsch« geschrieben, kam sofort auf den Index der jugendgefährdenden Schriften.

Peter Schamoni, der nach dem Abitur Kunstgeschichte und Philosophie studierte, landete ebenso wie Ulrich und die beiden anderen Brüder im Filmgeschäft. 1962 unterschrieben Ulrich und Peter das »Oberhausener Manifest«, in dem das Ende des biederen Nachkriegskinos gefordert wurde: »Papas Kino ist tot.«

Was Ulrich Schamoni unter dem neuen deutschen Kino verstand, realisierte er 1965 mit seinem ersten Spielfilm »Es«, der Beziehungsgeschichte eines jungen, unverheirateten Paares (Sabine Sinjen, Bruno Dietrich). 1967 taten sich dann Ulrich und Peter zusammen, um mit ihrer Jugendzeit in Münster abzurechnen. Ulrich (Regie) und Peter (Produktion) drehten mit ihrem Jugendfreund Hans Dieter Schwarze in der Hauptrolle »Alle Jahre wieder«: Alljährlich zur Weihnachtszeit kehrt Werbetexter Hannes Lücke (Schwarze) in seine alte Heimat Münster zurück. Doch mit seinen ehemaligen Schulfreunden, die ihren Lebensfrust im Alkohol ertränken, versteht er sich ebenso wenig wie mit seiner Familie, von der er sich entfremdet hat. Im Hotel wartet bereits die Geliebte (Sabine Sinjen), die er für eine Heiligabendfeier zu zweit nach Münster gelotst hat. Den Mut, sich von seiner Ehefrau zu trennen, bringt Lücke allerdings nicht auf, dafür ist er selbst ein zu großer Spießer.

»Alle Jahre wieder« wurde mit zahlreichen Preisen ausgezeichnet. Drehbuchautor Michael Lentz erhielt bei der Berlinale 1967 den Silbernen Bären, Peter Schamoni bekam den mit dreihunderttausend Mark dotierten Bundesfilmpreis in Silber, den er in einen der größten Aufreger der deutschen Filmgeschichte investierte: »Zur Sache, Schätzchen« mit Uschi Glas und Werner Enke. In Münster hat »Alle Jahre wieder« noch heute Kultstatus. Alljährlich zur Weihnachtszeit wird der Schwarz-Weiß-Film in einem großen Kino gezeigt.

Während sich Ulrich Schamoni Mitte der Achtziger vom Filmgeschäft verabschiedete und als Medienunternehmer in

Berlin betätigte, inszenierte und produzierte Peter Schamoni weiter Spiel- und Dokumentarfilme. Vor allem seine Dokumentationen über bildende Künstler wie Max Ernst, Friedensreich Hundertwasser und Niki de Saint Phalle brachten ihm weltweit Anerkennung. 2009 erhielt er den Bayerischen Filmpreis für sein Lebenswerk.

Versteckt im Münsterland

2009 kam auch die Verfilmung der Lebensgeschichte von Marga Spiegel in die Kinos: »Unter Bauern – Retter in der Nacht«. Veronica Ferres und Armin Rohde spielten das Ehepaar Marga und Siegmund »Menne« Spiegel, die sich zusammen mit ihrer Tochter Karin von 1943 bis 1945 bei münsterländischen Bauern versteckten und so dem Holocaust entgingen.

Menne Spiegel, aus einer seit dem 18. Jahrhundert in Ahlen lebenden jüdischen Familie stammend, heiratete 1937 Marga Rothschild, die in ihrem Heimatdorf Oberaula in Hessen bereits antisemitische Diskriminierungen erfahren hatte. Im Gegensatz zu Marga, die gerne ausgewandert wäre, hoffte der im Münsterland verwurzelte Menne, die Zeit des Nationalsozialismus überstehen zu können. Als Kriegsfreiwilliger im Ersten Weltkrieg und Mitglied einer angesehenen bürgerlichen Familie fühlte er sich relativ sicher. Ein Trugschluss, 1939 wurden die Spiegels aus Ahlen vertrieben. Bis 1943 kamen sie mit ihrer kleinen Tochter in einem »Judenhaus« in Dortmund unter, zuerst in einer Etagenwohnung, später in einer Baracke ohne Wasseranschluss. Nach und nach wurden alle in Deutschland verbliebenen Mitglieder ihrer Familien verhaftet und deportiert. Nur dem

Umstand, dass Menne Spiegel von dem Besitzer der Firma, bei der er arbeitete, geschützt wurde, verdankte das Ehepaar sein vorläufiges Überleben. Im Februar 1943 kam dann allerdings die Aufforderung, sich zu einem Transport einzufinden.

Zu diesem Zeitpunkt war Menne Spiegel längst entschlossen, seine Familie und sich selbst im Münsterland zu verstecken. Seine früheren Kontakte als Viehhändler nutzend, hatte er in den Monaten zuvor bei illegalen Reisen ins Münsterland etliche Bauernfamilien um Hilfe gebeten. Und tatsächlich erklärten sich einige bereit, ihn und seine Familie aufzunehmen.

Als angeblich »ausgebombte« Margarethe Krone lebte Marga Spiegel mit ihrer Tochter Karin bei der Familie Aschoff in Herbern, während Menne Spiegel häufiger das Versteck wechseln musste. Mehrfach entging er nur knapp der Verhaftung, aber auch Margas Legende geriet ins Wanken. Einmal erkannte sie eine frühere Nachbarin aus Ahlen, ein anderes Mal fiel bei einer Familienfeier Margas Judenstern auf den Wohnzimmertisch. Doch alle, die die Spiegels hätten denunzieren können, hielten den Mund. Und schließlich besorgte sich Marga Spiegel in Münster sogar gültige Papiere – auf den Namen Margarethe Krone.

Als das nationalsozialistische Regime zusammengebrochen war, gingen die Spiegels nach Ahlen zurück. »Unsere Freude über die Befreiung war getrübt«, schreibt Marga Spiegel, »denn keiner unserer Verwandten kehrte zurück. Wir blieben allein.«

Erneut verschloss sich Menne Spiegel dem Wunsch seiner Frau, Deutschland zu verlassen, er konnte sich nicht vorstellen, in einem anderen Land zu leben. Als Pferdehändler baute er sich nach 1945 eine neue Existenz auf.

Mitte der Sechzigerjahre veröffentlichte Marga Spiegel ihre Erinnerungen in der münsterschen Bistumszeitung Kirche und Leben, 1969 erstmals in Buchform. Im selben Jahr ehrte der israelische Botschafter in Deutschland die Bauernfamilien, die den Spiegels Unterschlupf gewährt hatten, als »Gerechte unter den Völkern«.

1982, nach dem Tod ihres Mannes, zog Marga Spiegel nach Münster, wo sie noch heute, fast hundertjährig, lebt. Und bis heute erzählt sie in Schulen, bei Lesungen und Diskussionen von ihrem Leben – und ihrer Rettung. Für ihren »unermüdlichen Einsatz als Zeitzeugin« erhielt sie im Juli 2010 das Verdienstkreuz der Bundesrepublik Deutschland.

2009 sorgte der Kinofilm »Unter Bauern – Retter in der Nacht« dafür, dass die Geschichte der Marga Spiegel auch über das Münsterland hinaus bekannt wurde. Das Drehbuch schrieben Otto Jägersberg, Imo Moszkowicz und Heidrun Schleef; Regie in der deutsch-französischen Produktion führte Ludi Boeken. Nicht zuletzt setzt der Film der Familie Aschoff und den anderen Bauernfamilien, die die Spiegels retteten, ein Denkmal.

Noch mehr Filme

Das Münsterland ist vor allem wegen seiner reizvollen Locations bei Filmproduktionsfirmen beliebt. Neben den beiden Krimireihen »Wilsberg« und »Tatort« entstanden hier in den letzten Jahren zahlreiche Serienfolgen und Einzelfilme. Für den dreiteiligen Fernsehfilm »Krupp – Eine deutsche Familie« (2009) diente Schloss Nordkirchen als Kulisse, weil die originale Villa Hügel in Essen nicht zur Verfügung stand. »Blueprint« (2003) mit Franka Potente wurde teilweise in der Wasserburg Haus Welbergen bei Ochtrup gedreht. Und in »Das Gelübde« (2008), das die Begegnung des Dichters Clemens von Brentano mit der Nonne Katharina Emmerick thematisiert, setzte man den Johanni-Kirchplatz in Billerbeck in Szene. Burg Anholt und Burg Vischering kamen gleich mehrfach bei deutschen und internationalen Produktionen zum Einsatz. Seit 1999 hilft der Filmservice Münster.Land bei der Suche nach Motiven und kümmert sich um Drehgenehmigungen und Statisten.

Ein Filmfestival Münster gibt es auch, jeweils alle zwei Jahre im Herbst. Am Anfang im Jahr 1981 hieß das Festival noch »Filmzwerge – Tage des unabhängigen Films«, denn im Mittelpunkt stand ein Kurzfilmwettbewerb. Der Kurzfilmwettbewerb hat sich erhalten, allerdings wird er mittlerweile ergänzt durch ein Rahmenprogramm aus Spielfilmen und thematischen Reihen.

Von Paul Spiegel bis Udo Lindenberg

Berühmte Münsterländer

Paul Spiegel

Der gebürtige Warendorfer und Nachfolger von Ignatz Bubis als Präsident des Zentralrats der Juden in Deutschland war ein Neffe von Marga Spiegel, deren Überlebensgeschichte im Dritten Reich der Film »Unter Bauern – Retter in der Nacht« erzählt.

Spätestens nach der Reichspogromnacht im November 1938, als überall in Deutschland Synagogen niederbrannten und Juden überfallen wurden, erkannten die Eltern des damals knapp einjährigen Paul Spiegel die tödliche Gefährdung. Hugo Spiegel, ein Viehhändler wie viele Mitglieder der Familie Spiegel, flüchtete mit seiner Frau Ruth und den beiden Kindern Rosa und Paul im Frühjahr 1939 nach Brüssel. In Sicherheit konnten sie sich nicht lange fühlen, die Besetzung Belgiens durch die Wehrmacht bedrohte die Familie erneut. Getrennt, um so wenig wie möglich aufzufallen, tauchten die Spiegels in Brüssel unter. Mutter Ruth und Paul lebten bei einer Metzgerfamilie, Vater Hugo und Schwester Rosa in anderen Verstecken. 1940 wurde Hugo Spiegel entdeckt und in ein Konzentrationslager gebracht, 1942 dann auch Rosa. Bis zum Jahr 2000 wusste Paul Spiegel nichts Genaues über das Schicksal seiner Schwester, erst zu diesem Zeitpunkt erhielt er die Gewissheit, dass man sie im November 1942 im Konzentrationslager Auschwitz ermordet hatte.

Mithilfe einer jüdischen Untergrundorganisation brachte Ruth Spiegel ihren Sohn nach Namur. Dort wuchs Paul als »wallonischer Bauernbub«, wie er später sagte, bei einer Bauernfamilie auf. Nach der Befreiung Belgiens durch die Amerikaner holte Ruth ihren Sohn nach Brüssel zurück. Von dort aus wollte sie mit Paul nach Amerika auswandern, als sie die Nachricht erhielt, dass ihr Mann Hugo die Konzentrationslager überlebt hatte.

Im Sommer 1945 lebte die Familie Spiegel wieder in Warendorf. Paul Spiegels Bar-Mizwa-Feier im Januar 1951 war die erste im Münsterland seit der Shoah. Sein Vater Hugo engagierte sich für den Wiederaufbau der Synagogen in Warendorf und Münster. In dem Buch »Wieder zu Hause?« (2003) schildert Paul Spiegel seine Erinnerungen an jene Zeit.

1958 ging Paul Spiegel nach Düsseldorf, wo er bei der Allgemeinen Jüdischen Wochenzeitung eine journalistische Ausbildung erhielt. In den Sechzigerjahren arbeitete er für verschiedene Zeitungen und Zeitschriften auf der ganzen Welt. Danach leitete er die Öffentlichkeitsarbeit des Rheinischen Sparkassen- und Giroverbandes, bevor er 1986, mit Unterstützung des Fernsehmoderators Hans Rosenthal, eine Künstler- und Medienagentur gründete.

Der seit 1964 verheiratete Vater zweier Töchter übernahm sowohl in der Jüdischen Gemeinde Düsseldorf wie auch im Landesverband und im Zentralrat eine ganze Reihe von Ehrenämtern. Im Jahr 2000, nach dem Tod von Ignatz Bubis, kandidierte er für das Amt des Zentralratspräsidenten der Juden in Deutschland. Mit sechs zu drei Stimmen gewann er im Präsidium die Abstimmung gegen Charlotte Knobloch, seine spätere Nachfolgerin.

In Paul Spiegels Amtszeit als Präsident des Zentralrats fiel ein starker Zuzug von Juden aus den Ländern der ehemaligen Sowjetunion, der die jüdischen Gemeinden vor völlig neue Aufgaben stellte. Hatten bis dahin hauptsächlich Holocaust-Überlebende und deren Kinder die Gemeinden dominiert, galt es nun, Menschen aus einem völlig anderen Kulturkreis zu integrieren. Öffentlich warnte Paul Spiegel vor Rechtsradikalismus, Fremdenhass und Antisemitismus. Er verstand sich dabei nicht nur als Sprecher der Juden in Deutschland, sondern als streitbarer Demokrat, der die Gesellschaft davon überzeugen wollte, »die Angriffe auf Minderheiten als Angriffe auf die Demokratie als Ganzes« zu begreifen.

Am 30. April 2006 starb Paul Spiegel in Düsseldorf.

Constantin Freiherr Heereman von Zuydtwyck

Ein ganz normaler Bauer ist er nicht, der ewige Bauernpräsident. Achtundzwanzig Jahre, von 1969 bis 1997, stand er an der Spitze des Deutschen Bauernverbands. In seine Amtszeiten fielen Butter- und Getreideberge, der Beginn der Gentechnologie, Rinderwahnsinn und die Wiedervereinigung, die plötzlich für achthundertvierzigtausend zusätzliche Beschäftigte in der Landwirtschaft sorgte. Seinen eigenen Betrieb mit siebenhundert Hektar Wald, hundertfünfzig Hektar Acker und Weiden, rot-bunten Rindern und ein paar Tausend Schweinen nennt er »mittelgroß«.

Durchschnittlich ist allerdings weder sein Wohnsitz auf Haus Surenburg, einem von Gräften umgebenen Schloss im Tecklenburger Land, noch sein klingender Name: Constantin Bonifatius Herman-Josef Antonius Maria Freiherr Heereman von Zuydtwyck. Alter niederländischer Adel. Der Stammbaum lässt sich bis zur Herrschaft Zuydtwyck bei Boskoop in Holland zurückverfolgen. 1786 kaufte ein Freiherr Heeremann die Surenburg, die bis heute im Besitz der Familie ist.

Nach dem frühen Tod seiner Mutter wurde der 1931 in Münster geborene Constantin Heereman von seinem Onkel adoptiert. Und absolvierte nach ein paar Jahren auf dem Aloisiuskolleg der Jesuiten in Bad Godesberg erst einmal eine solide landwirtschaftliche Ausbildung. Nach deren Abschluss übernahm der staatlich geprüfte Landwirt 1955 die Verwaltung des forst- und landwirtschaftlichen Betriebes von Haus Surenburg und 1960 die Leitung der heeremanschen Hauptverwaltung in Münster.

Die Arbeit auf der eigenen Scholle füllte den Baron jedoch nicht vollständig aus. So stieg er zusätzlich in die Politik ein, als CDU-Mitglied und Bauernfunktionär. 1969 wählten ihn die deutschen Bauern zu ihrem Präsidenten, später war er auch noch Präsident der EG-Landwirte. 1976 vertrat er im Schattenkabinett des Kanzlerkandidaten Kohl die Landwirtschaft, als Helmut Kohl 1982 tatsächlich Bundeskanzler wurde, bekam den Job aber der Bayer Ignaz Kiechle. Freiherr Heereman tröstete sich von 1983 bis 1990 mit der Mitgliedschaft im Bundestag.

Bauernpräsident blieb er ohnehin. Sein Credo »Was gut ist für die Bauern, ist gut für Deutschland« wurde zum geflügelten Wort. Man könne die Landwirtschaft nicht »der reinen Lehre der Marktwirtschaft aussetzen«, predigte der Konservative, Subventionen nannte er »einen gerechten, nicht überbesetzten Ausgleich für die soziale Sicherung« und Lohn »für den Erhalt wertvoller Landschaften«.

Die Bauern dankten es ihm mit Treue. Dabei war der Freiherr kein Mann der krawalligen Demos. Statt Misthaufen vor Ministerien abzuladen, bevorzugte er die stilvolle Verhandlung. Einmal wäre das fast schiefgegangen. Da bewarfen aufgebrachte Landwirte ihren eigenen Präsidenten und den Landwirtschaftsminister mit Tomaten und Eiern und verbrannten Strohpuppen, die die beiden darstellen sollten. »Wenn ihr meint, ein anderer macht das besser, dann holt ihn euch!«, schimpfte Heereman.

Die Bauern knickten ein und behielten ihren Baron. Der, wie es sich für einen adeligen Landmann gehört, neben der Arbeit und der Politik noch die Jagd schätzte. Und Heereman wäre nicht Heereman gewesen, wenn er es nicht auch hier zum Chef gebracht hätte: Von 1995 bis 2003 war der Freiherr Präsident des Deutschen Jagdschutz-Verbandes.

Franka Potente

Keine andere deutsche Schauspielerin war im letzten Jahrzehnt so nah am Status eines Hollywoodstars wie Franka Potente. Sie drehte mit Johnny Depp, Matt Damon und Steven Soderbergh. Ihren größten Erfolg erzielte sie allerdings mit einer deutschen Low-Budget-Produktion, die auf allen Festivals gefeiert wurde: »Lola rennt«.

Eine Zeit lang gelang Franka Potente einfach alles. Nach ihrem Abitur in Dülmen, wo sie 1974 geboren wurde, kam sie direkt auf die Schauspielschule in München. Und noch vor Abschluss der Ausbildung spielte sie in dem ersten abendfüllenden Kinofilm mit: »Nach fünf im Urwald« (1995) unter der Regie von Hans-Christian Schmid. Für die Rolle der siebzehnjährigen Anna, die von zu Hause ausreißt und eine Nacht durch München zieht, erhielt sie den Bayerischen Filmpreis als beste Nachwuchskünstlerin.

Von München aus machte sie einen Abstecher nach New York, zum Lee Strasberg Theatre and Film Institute. Nebenbei drehte sie einen Film nach dem anderen: »Une vie pour une autre« (1997), »Opernball« (1998), »Bin ich schön?« (1998). Und »Lola rennt« (1998). Unter der Regie von Tom Tykwer, mit dem sie auch privat liiert war, spielte sie die rennende Lola, die in drei Varianten jeweils zwanzig Minuten Zeit hat, um ihrem Freund Manni (Moritz Bleibtreu) mit hunderttausend Mark das Leben zu retten. Publikum und Kritiker jubelten gleichermaßen. Es hagelte Preise für den Film und die Hauptdarstellerin.

Nach zwei weiteren deutschen Produktionen (»Anatomie« und »Der Krieger und die Kaiserin«) rief Hollywood an. Franka Potente ließ sich nicht lange bitten und siedelte nach Los Angeles über. Es folgten das Drogendrama »Blow« mit Johnny Depp (2001) und die Rolle der Marie Kreutz, die einen von Amnesie geplagten Killer (Matt Damon) quer durch Europa fährt (»Die Bourne Identität«, 2002).

Für »Blueprint« (2003) kehrte sie vorübergehend nach Deutschland zurück. In einer anspruchsvollen Doppelrolle spielte sie die Pianistin Siri Sellin, die erfährt, dass sie ein Klon ihrer Mutter ist. In Hollywood lief es dagegen für Franka Potente nicht mehr so wie bisher, gute Rollenangebote wurden zunehmend Mangelware. Jedes Jahr zu Weihnachten erhalte sie von ihrer amerikanischen Agentin einen Jogginganzug der (Kinder-)Größe 34, erzählte Potente in einem Interview. Doch genauso regelmäßig schlage sie die Mahnung aus, sich auf Hollywood-Idealmaße herunterzuhungern.

2004 zog Franka Potente nach Berlin. Über die Zeit in Los Angeles schrieb sie zusammen mit Max Urlacher das Buch »Los Angeles – Berlin. Ein Jahr.« Journalisten, die ihre Hollywoodkarriere für gescheitert erklärten, hielt sie entgegen: »Glaubt ihr allen Ernstes, ich könnte in einem Land wie Amerika so Filme machen wie Cameron Diaz zu ihren besten Zeiten? Guckt mich an, Punkt eins. Punkt zwei: Ich hab einen Akzent. Und war nicht mit Tom Cruise zusammen. Also wollen wir doch mal die Kirche im Dorf lassen.«

2006 wechselte Franka Potente hinter die Kamera und drehte als Regisseurin nach einem eigenen Drehbuch einen Schwarz-Weiß-Stummfilm: »Der die Tollkirsche ausgräbt«. So seltsam wie das Format ist auch der Inhalt. Der dreiundvierzigminütige Film handelt von einer Liebesgeschichte am Tag des Waffenstillstands 1918.

Seitdem war Franka Potente in Filmproduktionen diesseits und jenseits des Atlantiks zu sehen, so in der Michel-Houellebecq-Verfilmung »Elementarteilchen« (2006) und mit Eric Bana in »Unter der Sonne Australiens« (2007). In Steven Soderberghs Revolutionsepos »Che – Guerrilla« (2008) spielte sie die deutschstämmige Guerillakämpferin Tamara Bunke. Aber auch Gastauftritte in Fernsehserien schlug sie nicht aus. In der US-amerikanischen Serie »The Shield« gab sie die Tochter eines Mafioso, und in einer Doppelfolge von »Dr. House« kam die von ihr gespielte Frau dem misanthropischen Mediziner erstaunlich nah.

In der Nachfolge von Jane Fonda betätigte sich Franka Potente zusammen mit ihrem Personal Trainer Karsten Schellenberg als Fitness-Ratgeberin. »Kick Ass – Das alternative Workout« (2009) ist angeblich ein Ratgeber für Leute, »die faul sind, rauchen, auch mal was trinken wollen«.

2010 schließlich machte Franka Potente einen Ausflug in die Belletristik und die japanische Kultur, die sie in »Zehn« (Stories) über ganz gewöhnliche japanische Menschen vorstellt.

Udo Lindenberg

Inzwischen muss man nicht mehr darauf trinken, dass er wirklich mal so alt wird, wie er jetzt schon aussieht. Denn Udo Lindenberg, der als Vierundsechzigjähriger im Jahr 2010 mal wieder eine Tournee absolvierte, ist alt – und jung zugleich. Eine ewige Rocklegende. Seit vierzig Jahren erfolgreich. Ein Denkmal seiner selbst, mit Schlapphut, dicker Sonnenbrille und Cohiba im Mund. Ein Mann, der ein Krautrock(d)englisch spricht, das irgendwann in den Siebzigerjahren mal angesagt war und heute nur noch von ihm beherrscht wird. Und überhaupt und sowieso ist Udo vor allem eins: cool.

Das war von Anfang an alles klar. Schon damals, in Gronau, wo Udo Gerhard Lindenberg 1946 geboren wurde. Klein Udo trommelte auf allem herum, was sich ihm in den Weg stellte. Mit sechzehn bekam er sein erstes richtiges Schlagzeug und kurz darauf ging er auf Wanderschaft. Nach Norddeutschland, Frankreich, Tripolis – und Münster, wo er an der Musikakademie klassisches Schlagzeug studierte. In Münster lernte er Steffi Stephan kennen, den späteren Besitzer der Jovel Music Hall, der noch heute im Panikorchester am Bass steht. Weil der Schlagzeuger ausgefallen war, engagierte Stephan den jungen Lindenberg für einen Gig seiner Band Mustangs. Der Beginn einer wunderbaren Freundschaft, die auch Udos Schwester einbezog und die beiden Musiker zu Schwagern machte.

1968 ging Lindenberg nach Hamburg. Er spielte mit Klaus Doldinger Jazz und mit Inga Rumpf und den City Preachers Folk-Rock. Nach einigen weniger erfolgreichen eigenen Alben gelang ihm 1973 mit »Andrea Doria« der große Durchbruch. »Alles klar auf der Andrea Doria« und »Cello« wurden Hits, als erster deutscher Rockmusiker bekam Udo Lindenberg von einer Plattenfirma einen Millionenvertrag.

Von da an ging's immer weiter. Rund fünfzig Alben hat Lindenberg im Laufe der Jahre produziert. Der schnoddrige Udo-Sprech blieb erhalten, die Musik wandelte sich mit den Moden, tendierte Richtung Disco-Funk, Chanson oder Punk. Lindenberg coverte viele Titel und arbeitete mit Gast-Stars, die ihn auch auf seinen Tourneen begleiteten, von Ulla Meinecke, Helen Schneider, Gianna Nannini, Alla Pugatschowa, Eric Burdon, Nena, Die Prinzen, Nina Hagen, Helge Schneider und Yvonne Catterfeld bis Jan Delay.

Ein besonderes Ding hatte Udo mit Erich (Honecker) am Laufen. Einer seiner erfolgreichsten Titel war die Adaption von »Chattanooga Choo Choo«, die Lindenberg als »Sonderzug nach Pankow« auf Deutsch sang. In dem Lied äußerte er den dringenden Wunsch, mal in der DDR aufzutreten (»All die ganzen Schlageraffen dürfen da singen …«). Angeblich hat sich sogar das Politbüro der SED mit dem Anliegen beschäftigt, jedenfalls klappte es im Herbst 1983 mit einem

Auftritt im Ostberliner Palast der Republik. Aus der für das folgende Jahr geplanten Tournee durch die DDR wurde dann doch nichts, wahrscheinlich fürchtete das Politbüro, die DDR-Jugend könnte sich von der renitenten Rocker-haltung des Musikers zu republikfeindlichen Handlungen anstacheln lassen. Lindenberg nahm das dem »Oberindia-ner« der DDR nicht krumm, als Erich Honecker 1987 zu einem Westbesuch nach Wuppertal kam, schenkte er dem Generalsekretär eine Lederjacke und eine Gitarre mit der Aufschrift »Gitarren statt Knarren«. Honecker revanchierte sich mit einer Schalmei.

1986 starb Lindenbergs Freundin Gabi Blitz. Udo wid-mete ihr die Ballade »Horizont« (»Du und ich, das war ein-fach unschlagbar, ein Paar wie Blitz und Donner«), einer jener Titel, die ihn in den Olymp des Deutschrock brachten.

1989 wurde Lindenberg selbst von der Sterblichkeit ge-streift, er erlitt einen Herzinfarkt, der ihn aber nur kurzfristig aus der Bahn warf. Seine Alkohol- und Drogenprobleme hat er in etlichen Liedern selbst thematisiert (»Lady Whisky«, »Riskante Spiele«). Trotzdem warf er auch in den Neunzi-gerjahren ein Album nach dem anderen auf den Markt. Ne-benbei begann er zu malen. Grellbunte Bilder, in denen ka-rikaturistische Selbstporträts auftauchen, gemalt mit einem Schuss Alkohol. Konsequenterweise nennt der »Stricher aus St. Pauli« seine Gemälde »Likörelle«. 1996 fand die erste Ausstellung statt. Seitdem zeigte Lindenberg seine Bilder bei zahlreichen Gelegenheiten, einige Werke schafften es bis ins Kanzleramt und auf Briefmarken der deutschen Post (2010).

Geschrieben hat Udo Lindenberg auch. 1989 erschien seine erste Autobiografie »El Panico oder: Wie werde ich Popstar?«, 2004 seine zweite: »Panikpräsident. Die Auto-biographie«.

Nach einigen ruhigeren Jahren, in denen er sein Leben im Hamburger Luxushotel Atlantic an der Außenalster genoss, brachte sich Udo Lindenberg 2002 mit der Revue »Atlantic Affairs« wieder ins Blickfeld der Öffentlichkeit. Yvonne Catterfeld, Die Prinzen und Helge Schneider unterstützten den Altrocker bei der Interpretation von Exilantenliedern der Zwanziger- bis Vierzigerjahre.

Sein erfolgreichstes Album sparte sich Lindenberg ausgerechnet bis 2008 auf. Noch nie hatte er es auf Platz eins der Albumcharts gebracht. Das gelang ihm mit »Stark wie Zwei«, von dem über fünfhunderttausend Exemplare verkauft wurden. Als Gastmusiker dabei waren Annette Humpe, Jan Delay, Silbermond, Till Brönner und Helge Schneider.

Tine Acke, Lindenbergs aktuelle Freundin, fotografierte die anschließenden Tourneen sowie Udo bei allen Gelegenheiten, aber immer mit Hut und Sonnenbrille, zu sehen in dem Fotoband »Udo Lindenberg – Stark wie Zwei 2007–2010«.

Schon früh griff Lindenberg politische Themen auf, vor allem um Krieg und Frieden ging es in seinen Liedern. Aber auch gegen Neonazis und rechte Gewalt engagierte er sich, 2000 gründete er das Projekt »Rock gegen rechte Gewalt«. Später entdeckte der zum Freundeskreis der SPD gehörende Musiker Hermann Hesse. Seine 2006 ins Leben gerufene Udo-Lindenberg-Stiftung unterstützt soziale und humanitäre Projekte, fördert Nachwuchsbands – und veranstaltet das Hermann-Hesse-Festival.

Orden, Auszeichnungen und Preise hat Udo Lindenberg haufenweise eingesammelt. Seine Heimatstadt Gronau baute ihm zu Ehren sogar ein ganzes Museum: das rock'n'popmuseum. Die Adresse: Udo-Lindenberg-Platz 1.

Töttchen und Altbierbowle

Münsterländische Spezialitäten

Die münsterländische Küche ist aus einer Bauernküche entstanden. Und die Bauern, ihre Knechte, Mägde und Tagelöhner aßen, um satt zu werden. Je mehr Kalorien (die natürlich noch niemand kannte), desto besser. Deftig lautet die freundliche Umschreibung für die Art von Gerichten, die man im Münsterland liebte. Und die noch heute – zeitgemäß ein wenig leichter geworden – den Reiz des Regionalen ausmachen.

Traditionell kam auf den Tisch, was draußen wuchs oder herumlief: Kartoffeln, Gemüse, dazu im Sommer mal Geflügel und im Winter Schweinefleisch, denn im Herbst wurden die Schweine, von denen noch der kleinste Hof ein paar durchfütterte, geschlachtet. Außerdem gab es Suppen und Brot, süßes weißes am Feiertag und schweres schwarzes im Alltag. Besonders mit dem Letzteren konnten sich Fremde, die im Münsterland haltmachten, nur schwer anfreunden.

Pumpernickel

Fabio Chigi, der päpstliche Gesandte beim Friedenskongress von 1648, stand der Esskultur des Kongressortes Münster generell sehr skeptisch gegenüber, der größte Graus war ihm jedoch das Schwarzbrot: »Es stinkt zum Himmel. Nach nur einem Bissen läuft es einem kalt den Rücken herunter.«

Wir wissen natürlich nicht, bei welchem Bäcker der mediterrane Gourmet eingekauft hat, das über die Jahrhunderte zum Pumpernickel verfeinerte Schwarzbrot kann er aber eigentlich nicht gemeint haben. Denn Pumpernickel schmeckt saftig und leicht süßlich, ein Ergebnis der speziellen Herstellungsweise, bei der das Brot weniger gebacken, vielmehr bis zu vierundzwanzig Stunden gegart wird. Die niedrigen Temperaturen zwischen hundertzehn und hundertfünfzig Grad Celsius bewirken, dass der im Roggenvollkornschrot enthaltene natürliche Zucker karamellisiert, was zu der bittersüßen Geschmacksnote führt. Manche Bäcker sollen auch mit Rübensirup nachhelfen, verpönt sind allerdings Konservierungsstoffe. Die schon deshalb überflüssig sind, weil die nach dem Backen in heißem Wasserdampf sterilisierten Brotlaibe bis zu einem halben Jahr genießbar bleiben.

In Stanniolpapier verpackt, gehen die Pumpernickelscheiben dann vom Münsterland aus in alle Welt.

Belegt mit Mettwurst, Käse oder Westfälischem Knochenschinken ist Pumpernickel ein Genuss, aber auch für süße Aufläufe oder Quarkspeisen eignet sich das Schwarzbrot. Wenn Fabio Chigi mal Schattenmorellengrütze mit Quark und Pumpernickelstreusel probiert hätte, wäre sein Urteil über das münsterländische Brot sicher milder ausgefallen.

Bleibt noch die Frage zu klären, woher eigentlich der Name Pumpernickel stammt. Die Experten sind sich hier nicht einig. Die einen glauben, dass ein Bäcker namens Nikolaus Pumper im 15. Jahrhundert das Brot als Armenspeise erfunden hat, andere deuten den Namen französisch: Während der napoleonischen Besatzung habe ein Offizier abfällig geäußert, das Brot sei ja nur »bon pour Nicole«, sein Pferd.

Westfälischer Knochenschinken

Münsterländische Metzger sind davon überzeugt, dass sich der Westfälische Knochenschinken nicht vor dem Parmaschinken verstecken müsse. Doch anders als den oberitalienischen Schinkenherstellern ist es den Münsterländern bislang nicht gelungen, die Marke europaweit zu schützen.

Ein guter luftgetrockneter Knochenschinken braucht zwölf Monate, bis er sein volles Aroma entfaltet. Dann schmeckt der dunkelrote Schinken leicht nussig und zergeht auf der Zunge. Je dünner geschnitten, desto besser. »Dünn snieden, dick uppleggen!«, wie der Münsterländer sagt.

Entscheidend für den Geschmack ist die handwerkliche Geduld bei der Herstellung. Zunächst wird der Schinken regelmäßig mit Salz eingerieben, gedreht und gewendet. Verschiedene Salze, ein wenig Salpeter und Zucker kommen hierbei zum Einsatz. Nach etwa sechs Wochen haben sich die Mineralien durch den Schinken gearbeitet und in ihrem Gefolge Mikroben die Eiweißketten des rohen Fleisches umgewandelt. Der Schinken ist jetzt haltbar.

Nach der Pökelphase wird der Schinken zum weiteren Trocknen aufgehängt. Klimaanlagen und Gebläse, wie sie in der Wurstindustrie Anwendung finden, lehnen die traditionellen Hersteller selbstverständlich ab. Dabei nehmen sie in Kauf, dass der Schinken innerhalb von zwölf Monaten etwa die Hälfte seiner ursprünglich fünfzehn Kilo verliert. Und erst nach sechs Monaten entfernen die Metzger den Röhrenknochen, der dem Schinken seinen Namen und seinen speziellen Geschmack gibt.

Der Spruch, dass in Westfalen der Himmel voller Schinken hängt, betrifft die leicht geräucherte Variante des Knochenschinkens. Dafür werden die bereits getrockneten Schinken nicht im, sondern vor dem Kamin aufgehängt. Und dieser Platz in der Wohnstube heißt »Westfälischer Himmel«.

Bekannt ist der luftgetrocknete Knochenschinken seit vielen Jahrhunderten. Im ausgehenden Mittelalter fand die Delikatesse aus dem Münsterland begeisterte Abnehmer auf den Märkten in ganz Deutschland bis hin nach Frankreich. Angeblich hat sogar schon der Römer Varus von dem Schinken gekostet. Aber das ist genauso umstritten wie der Ort seiner gründlich misslungenen Schlacht.

Töttchen und andere Sonderbarkeiten

Resteessen sind die Highlights vieler Regionalküchen. Das, was bei der Schlachtung oder der Zubereitung anderer Gerichte übrig bleibt, fantasievoll auf den Tisch zu bringen ist für Köche eine besondere Herausforderung. Auch das Töttchen (von plattdeutsch toddern = durcheinanderbringen), eine münstersche Spezialität, ist als Resteverwertung entstanden. Lange Zeit wollte man gar nicht so genau wissen, was da vor einem auf dem Teller lag. Seitdem BSE und nachfolgende Lebensmittelgesetze den Speiseplan verändert haben, darf man es verraten: Das originale Töttchen enthielt Kalbshirn, Lunge und Herz, gekocht in Fleischbrühe, vermengt mit einer Soße aus Butter, Mehl, Essig, Zucker, Zwiebeln, Nelken und Pfefferkörnern, abgeschmeckt mit Senf oder Worcestersoße. In der Nach-BSE-Zeit verwendet man statt Kalbskopf anderes Kalbfleisch (Schulter, Brust und Zunge).

Die Rindervariante des Töttchens heißt Potthast (oder Pfefferpotthast), wobei der Name die Kochmethode (Pott = Topf) und die Fleischart (Hast = gesottenes Rindfleisch) erklärt. In schmale Stücke geschnittenes Rindfleisch wird zwei Stunden lang mit allerlei Gewürz geschmort, dann kommen Paniermehl und Zitronensaft hinzu und fertig ist der Potthast.

Völlig vom Speiseplan verschwunden ist ein beliebtes Weihnachts- und Osteressen früherer Tage: der Halbe Kopf. Wahrscheinlich musste man nach der langen Fastenzeit einen Heißhunger auf alles Fleischliche entwickelt haben, um den halben Schweinekopf als Delikatesse würdigen zu können. Auch die Zubereitung ist nichts für Menschen mit ausgeprägter Tierliebe: Der Schweinekopf wird komplett in Salzwasser gegart, anschließend löst man die Schwarte teilweise ab und füllt die entstehenden Taschen mit Zwiebelscheiben und Pfeffer. Dann übergießt man den Schweinekopf mit Brühe und Essig und lässt ihn ein paar Tage durchziehen. Das Ergebnis kommt dünn geschnitten aufs Brot. Vermutlich kann es nicht schaden, dazu einen echten münsterländischen Korn zu trinken.

Nicht minder kalorienreich, aber als Zwischenmahlzeit nach wie vor beliebt ist ein anderes Nebenprodukt der Schweineschlachtung: Leberbrot und Wurstebrot. Leberbrot besteht hauptsächlich aus Schweinefleisch und -leber, Wurstebrot aus Blut. Beide Wurstsorten heißen Brot, weil ihnen Mehl zugegeben wird, abgesehen von Speck und

Gewürzen. Als Gericht brät man Leberbrot und Wurstebrot dick geschnitten in der Pfanne, legt dann die Scheibe Wurstebrot auf die Scheibe Leberbrot und obendrauf eine gebackene Apfelscheibe. Wohl bekomm's!

Gehaltvolle Eintöpfe, auch Durchgemüse genannt, waren in der münsterländischen Küche früherer Zeiten das Alltagsgericht schlechthin. Da Braten oder Geflügel nur sonntags auf den Tisch kamen, verwendete man zur »Anreicherung« der Gemüseeintöpfe meistens Speck. Und lustige Namen, die wohl über die auf Dauer entstehende Eintönigkeit hinwegtäuschen sollten. So gibt es den Möhreneintopf Polizeifinger, den Stielmuseintopf Knisterfinken, den Münsterländer Jägerkohl und das Westfälische Blindhuhn. Das Blindhuhn enthält, man ahnt es bereits, kein Hühnerfleisch, sondern neben dem unvermeidlichen Speck so viele verschiedene Gemüse- und Obstsorten, dass selbst ein blindes Huhn etwas Schmackhaftes finden würde.

Gesellschaftsfähig wird ein typisches Armeleutegericht einmal im Jahr, wenn im Festsaal des münsterschen Rathauses das Kramermahl stattfindet. Hunderte von Herren (und wenige Damen) versammeln sich in Frack und Smoking an langen Tischen, um, einem bis in die Hansezeit zurückreichenden Brauch folgend, den Pakt zwischen Handel und Politik zu erneuern. Das Zwei-Gänge-Menü, das die Spitzen von Politik und Wirtschaft bei dieser Gelegenheit zu sich nehmen, ist seit 1956 stets das gleiche: Grünkohl mit Kartoffeln und Mettwurst, als Nachtisch Stippmilch.

Bier

Zu Grünkohl muss man selbstverständlich Bier trinken. Überhaupt ist gegorener Getreidesaft im Münsterland schon immer das beliebteste Getränk gewesen. Wein musste teuer importiert werden, Bier konnte jeder auf seinem Herd brauen. Im Mittelalter tranken alle, Kinder wie Greise, von morgens bis abends hauptsächlich Dünnbier. Aus Gesundheitsgründen, denn das Wasser aus den Brunnen war oft ungenießbar. Allerdings wurde das Bier noch nicht nach dem deutschen Reinheitsgebot gebraut, sondern mit Geschmacksverstärkern wie Lorbeerblättern, Klatschmohn und Pilzen. Warmbier, ein aus Milch, Zucker, Mehl und Bier bereiteter Brei, war bis ins 20. Jahrhundert als Frühstück bekannt.

Im 19. Jahrhundert übernahmen Braustuben und Brauereien die Bierproduktion. Allein in der Stadt Münster gab es hundertfünfzig davon. Übrig geblieben ist noch eine einzige, die Brauerei Pinkus Müller. Der namensgebende Brauereichef hieß eigentlich Carl Müller, seinen Spitznamen Pinkus bekam er anlässlich eines Weitpinkelwettbewerbs.

Das obergärige Altbier, eine Spezialität von Pinkus, ist im Vergleich zum rheinischen Altbier heller und säuerlicher. Möglicherweise hat diese Tatsache experimentierfreudige Biertrinker dazu veranlasst, Altbier mit Früchten und Fruchtsirup zu mischen. Entstanden ist dabei die Altbierbowle, die jeder münstersche Gastronomiebetrieb auf der Getränkekarte führt. Serviert wird sie im Altbierglas mit langstieligem Löffel. Nach mehreren Altbierbowlen sollte man aber unbedingt ein deftiges münsterländisches Gericht essen. Und darauf hoffen, dass man die Nacht gut übersteht.

P. S.

Wenn Sie nun Lust bekommen haben, sich das Münsterland und Münster einmal näher anzuschauen, dann hat dieses Buch seinen Zweck schon mehr als erfüllt. Und bestimmt
werden Sie viele Dinge entdecken, die ich nicht erwähnt
habe. Bei allen, die an und in sehenswürdigen Orten leben
und mir entsprechende Tipps gerne gegeben hätten, ent-
schuldige ich mich schon jetzt. Und wo wir gerade beim
Entschuldigen sind: Für alle Fehler, die sich im Buch finden
lassen, übernehme ich die alleinige Verantwortung.

Jürgen Kehrer

Bereits erschienen:
Gebrauchsanweisung für ...

01/0001/15/R

Italien
von Henning Klüver

Japan
von Andreas Neuenkirchen

Kalifornien
von Heinrich Wefing

Kapstadt und Südafrika
von Elke Naters und Sven Lager

Katalonien
von Michael Ebmeyer

Kathmandu und Nepal
von Christian Kracht
und Eckhart Nickel

Köln
von Reinhold Neven Du Mont

Korsika
von Jenny Hoch

Kroatien
von Jagoda Marinić

Leipzig
von Bernd-Lutz Lange

London
von Ronald Reng

Los Angeles
von Rainer Strecker

Mailand mit Lombardei
von Henning Klüver

Mallorca
von Wolfram Bickerich

Mecklenburg-
Vorpommern und
die Ostseebäder
von Ariane Grundies

Moskau
von Matthias Schepp

München
von Thomas Grasberger

das Münchner
Oktoberfest
von Bruno Jonas

Münster und
das Münsterland
von Jürgen Kehrer

Neapel und die
Amalfi-Küste
von Maria Carmen Morese

Neuseeland
von Joscha Remus

New York
von Verena Lueken

Niederbayern
von Teja Fiedler

Nizza und
die Côte d'Azur
von Jens Rosteck

Norwegen
von Ebba D. Drolshagen

Österreich
von Heinrich Steinfest

Paris
von Stephen Clarke

Peking und Shanghai
von Adrian Geiges

Peru
von Ulrike Fokken

Polen
von Radek Knapp

Portugal
von Eckhart Nickel

Potsdam und
Brandenburg
von Antje Rávic Strubel

Rom
von Birgit Schönau

01/0002/15/L

01/0003/15/R